通典 典章制度的百科全书

张荣芳 编著

江苏凤凰文艺出版社
JIANGSU PHOENIX LITERATURE AND
ART PUBLISHING

图书在版编目（CIP）数据

通典：典章制度的百科全书 / 张荣芳编著 .

南京：江苏凤凰文艺出版社，2024. 6. -- ISBN 978-7
-5594-8781-0

Ⅰ . D691.5-49

中国国家版本馆 CIP 数据核字第 2024R6J687 号

著作权合同登记号：10-2024-109

通典：典章制度的百科全书

张荣芳　编著

责任编辑　项雷达
图书策划　宁炳辉
特约编辑　宁炳辉
装帧设计　时代华语设计组
出版发行　江苏凤凰文艺出版社
　　　　　南京市中央路 165 号，邮编：210009
网　　址　http://www.jswenyi.com
印　　刷　三河市宏图印务有限公司
开　　本　880 毫米 × 1230 毫米　1/32
印　　张　6
字　　数　120 千字
版　　次　2024 年 6 月第 1 版
印　　次　2024 年 6 月第 1 次印刷
书　　号　ISBN 978-7-5594-8781-0
定　　价　42.00 元

用经典滋养灵魂

龚鹏程

每个民族都有它自己的经典。经，指其所载之内容足以作为后世的纲维；典，谓其可为典范。因此它常被视为一切知识、价值观、世界观的依据或来源。早期只典守在神巫和大僚手上，后来则成为该民族累世传习、讽诵不辍的基本典籍，或称核心典籍，甚至是"圣书"。

中国文化总体上的经典是六经：《诗》《书》《礼》《乐》《易》《春秋》。依此而发展出来的各个学门或学派，另有其专业上的经典，如墨家有其《墨经》。老子后学也将其书视为经，战国时便开始有人替它作传、作解。兵家则有其《武经七书》。算家亦有《周髀算经》等所谓《算经十书》。流衍所及，竟至喝酒有《酒经》，饮茶有《茶经》，下棋有《弈经》，相鹤相马相牛亦皆有经。此类支流稗末，固然不能与六经相比肩，但它们代表了在各自那一个领域中的核心知识地位，是很显然的。

我国历代教育和社会文化，就是以六经为基础来发展的。直到清末废科举、立学堂以后才产生剧变。但当时新设的学堂虽仿洋制，却仍保留了读经课程，以示根本未堕。辛亥革命后，蔡元培担任教育总长才开始废除读经。接着，他主持北京大学时出现的新文化运动更进一步发起对传统文化的攻击。趋势竟由废弃文言，提倡白话文学，一直走到深入的反传统中去。

台湾的教育发展和社会文化意识，其实也一直以延续五四精神自居，故其反传统气氛及其体现于教育结构中者，与大陆不过程度略异而已，仅是社会中还遗存着若干传统社会的礼俗及观念罢了。后来，台湾才惕然警醒，开始提倡"文化复兴运动"，在学校课程中增加了经典的内容。但不叫读经，乃是摘选"四书"为《中国文化基本教材》，以为补充。另成立"文化复兴委员会"，开始做经典的白话注释，向社会推广。

文化复兴运动之功过，诚乎难言，此处也不必细说，总之是虽调整了西化的方向及反传统的势能，但对社会民众的文化意识，还没能起到普遍警醒的作用；了解传统、阅读经典，也还没成为风气或行动。

20世纪70年代后期，高信疆、柯元馨夫妇接掌了当时台湾第一大报《中国时报》的副刊与出版社编务，针对这个现象，遂策划了《中国历代经典宝库》这一大套书。精选影响人们最为深远的典籍，包括了六经及诸子、文艺各领域的经典，遍邀名家为之疏解，并附录原文以供参照，一时社会震动，风气不变。

其所以震动社会，原因一是典籍选得精切。不蔓不枝，能体现传统文化的基本匡廓。二是体例确实。经典篇幅广狭不一、深浅悬隔，如《资治通鉴》那么庞大，《尚书》那么深奥，它们跟小说戏曲是截然不同的。如何在一套书里，用类似的体例来处理，很可以看出编辑人的功力。三是作者群涵盖了几乎全台湾的学术精英，群策群力，全面动员。这也是过去所没有的。四是编审严格。大部丛书，作者庞杂，集稿统稿就十分重要，否则便会出现良莠不齐之现象。这套书虽广征名家撰作，但在审定正讹、统一文字风格方面，确乎花了极大气力。再加上撰稿人都把这套书当成是写给自己子弟看的传家宝，写得特别矜慎，成绩当然非其他的书所能比。五是当时高信疆夫妇利用报社传播之便，将出版与报纸媒体做了最好、最彻底的结合，使得这套书成了家喻户晓、众所翘盼的文化甘霖，人人都想一沾法雨。六是当时出版采用豪华的小牛皮烫金装帧，精美大方，辅以雕花木柜。虽所费不赀，却是经济刚刚腾飞时一个中产家庭最好的文化陈设，书香家庭的想象，由此开始落实。许多家庭乃因买进这套书，仿佛种下了诗礼传家的根。

高先生综理编务，辅佐实际的是周安托兄。两君都是诗人，且侠情肝胆照人。中华文化复起、国魂再振、民气方舒，则是他们的理想，因此编这套书，似乎就是一场织梦之旅，号称传承经典，实则意拟宏开未来。

我很幸运，也曾参与到这一场歌唱青春的行列中，去贡献微末。先是与林明峪共同参与黄庆萱老师改写《西游记》的工作，继而再协助安托统稿，推敲是非，斟酌文辞。对整套书说不上有什么助益，自己倒是收获良多。

书成之后，好评如潮，数十年来一再改版翻印，直到现在。经典常读常新，当时对经典的现代解读目前也仍未过时，依旧在散光发热，滋养民族新一代的灵魂。只不过光阴毕竟可畏，安托与信疆俱已逝去，来不及看到他们播下的种子继续发芽生长了。

当年参与这套书的人很多，我仅是其中一员小将。聊述战场，回思天宝，所见不过如此，其实说不清楚它的实况。但这个小侧写，或许有助于今日阅读这套书的读者理解该书的价值与出版经纬，是为序。

致读者书

张荣芳

亲爱的朋友：

我国史学的渊源极为久远，呈现的面貌也极富多样性，《尚书》是"纪事体"的始祖；孔子的《春秋》是"编年体"的始祖；到了司马迁的《史记》，则开创了"纪传体"的体例；此后一直到唐代杜佑的《通典》，才又开创了第四种体例，是专详于文物典章制度的通史，一般称为"政书"，又因为它是专门讲政治制度的，所以也称为"典"。

《通典》将我国历代典章制度的沿革变迁，分门别目，依照时代顺序编为一书，称得上是"典章制度的百科全书"。在唐代以前，虽然也曾有人试图编撰，但都没有成功。杜佑之前，唐人也曾有类似的著作出现，但体系不如杜佑《通典》的广博周纳，因此也都比不上杜佑的成就。

历代史学上的珍贵遗产，许多著作业已成为不朽的经典，《通典》自不例外。从《通典》以后，逐渐加上宋代马端临《文献通考》、郑樵《通志》，合称为"三通"，到清朝形成了所谓"十通"，这些典章制度史的撰述，都发端于杜佑《通典》，可说是典章制度的开山之作。

杜佑，历任唐朝的节度使和宰相，在政坛上活跃了近六十年的时光，因而深通吏事、军事，尤其对财政经济特别熟悉。唐宪宗曾有诏书称赞他说："博学强闻，知历代沿革之谊，为政惠人，审群黎利病之要。"由此，可以看出他的才学与为政处世之道。

《通典》一书的旨趣是为当时的制度找寻历史的根源，说明古今的变迁沿革，希望从中看出利弊得失之所在。所以清朝史学家章学诚推崇《通典》甚得"会通之旨"，现代国学大师钱穆先生认为杜佑是"开创唐以后史学的第一人"，这些都不是过誉之词。

《通典》全书二百卷，分为食货（十二卷）、选举（六卷）、职官（二十二卷）、礼（一百卷）、乐（七卷）、兵（十五卷）、刑（八卷）、州郡（十四卷）、边防（十六卷）九门，每门又各分为若干子目。在内容上，上溯黄帝、尧舜，下迄唐玄宗天宝年间，同时因唐肃宗、代宗时期也颇有变革，故附于书里。在材料搜集上，则广采五经、诸史、魏晋南北朝文集、奏疏，分门别类记载下来，体大思精，当时的人评价说，"详而不烦，简而有要"，这是相当允当的赞语。

《通典》的九个部门，并不是杂乱编成的，而是有一个系统的编次，蕴含着杜佑的政治理想。他说："理道之先，在乎行教化，教化之本，在乎足衣食。"政治上的第一要务是教化，但必须使人民"衣食足而后知荣辱"，所以，教化的根本在于经济。因此，《通典》中居首要地位的是"食货"一门，包括户口、乡里、赋税、钱币、贸易与物产等几部分。

其次说："行教化在乎设职官，设职官在乎审官才，审官才在乎精选举。"良好的政治组织必须要设官分职，有了官职，还得有名实相称的人才来担当才行，因此先要懂得选拔优秀的人才，所以先说选举，再论职官。如果政府能尽心尽力选择社会上的贤能之士，使他们各适其位，各尽其才，来处理政事，这样国事没有办不好的，政治没有不上轨道的。

接着是礼和乐，"官职设然后礼乐兴"，礼、乐一向是我国传统政治中最看重的两项教化设施。杜佑说："制礼以端其俗，立乐以和其心。"由此可以看出我国传统政治的理想层面，因此，《通典》对古代礼制的阐述特别详尽。

道德教化沦落了，才得使用刑法，所以有"兵"亦有"刑"。"兵"大体是以《孙子兵法》十三篇为主，将历史上的用兵之事，分类归纳在这十五卷中；"刑"则叙述历代刑法的因革。

一个大一统的政府，从中央到地方，必须合成一个严密而有系统的组织，分级设职，层层节制，环环相扣，政治轮轴才能顺利地推动，所以中央政府下面还要划分地域，设立州郡，因此有"州郡"；还要有"边防"，用来阻挡外来的侵犯。

从这九大部门的分类先后次序，我们已经可以看出杜佑的政治理论，他"先礼而后教""安内以驭外"的编排方式，本末次第极有条理，也寓有理想。从这个大纲上，我们应当可以了解《通典》体大思精的价值所在了。

由于《通典》一书长达数百万言之多，要想适当地采择改写成十万言，并不是一件容易的事，所以在改写各部门之前，我首先撰写了一篇导论，说明杜佑的生平、《通典》撰述的时代背景，以及杜佑政治理想之所在，希望能借着这篇短短的论述，让读者了解并把握《通典》的主旨与精神。至于改写部分，各门目则尽量存其大体，将历代沿革概略叙述，希望不致失去会通之意，并保存杜佑对各项制度的评论，因为这部分才是《通典》一书的精华所在，如此或能让读者一窥我国最伟大的典章制度宝库的核心，掌握历代制度演变的脉络。

目录

第一章

杜佑与《通典》

第一章　杜佑与《通典》

一

中国历史上以百科全书式体裁出现的史书，最著名的首推汉朝大史学家司马迁所撰的《史记》。但是，从《史记》以降，历经东汉、魏晋南北朝到隋唐中叶，编纂巨大篇帙的百科全书式史书不复再现。其中的原因一方面固然是时代环境的变幻无常，朝易夕改，在动乱的世局之下，很难定下心来专心一意地从事长期编纂的工作；另一方面，时代愈后，累积保存下来的史料也愈多，加以学术的分工愈细，庞大编纂工作已经不是一己之力所能单独负担，个人费尽心力皓首穷经，也很难突破这一限制，由此，我们可以想见工作的艰难。

大唐帝国统一海内之后，在玄宗天宝年间的安史之乱以前，处于长期的繁荣富庶，政府也大力推动各项学术工作的发展，奖掖学术。科举的设立，更使得天下士子竞相投诸其流，形成了相当深厚的文化素养与良好的学术环境。后来，虽然唐室迭遭大难，东方藩镇势力兴起，威胁到中央政府的安危，但李唐的国祚命脉却也能不绝如缕，继续维持了一百多年。中央政府的各项施政措施也尚能大致施行，不致因种种变乱而告停顿，表面上犹可维持一个大一统帝国的形象。

　　时代的动荡，世事的变幻，最容易使人产生各式各样的思想。有人感叹世事无常，醉心释氏；有人目睹世局不安，遁入山林，归于老庄；也有人眼见国家兴亡，危如累卵，亟思力挽狂澜，拯救生民疾苦。

　　就史学来说，将近千年的孕育累积，顿时之间遭遇大变，常使有心以历代兴亡为鉴，思古幽情，希望借着学习既往历史教训而有所惕厉振扬。中国史学就在这种情况下，以唐代刘知几为一分水岭，刘知几总结了以往的历史著作成绩，汇成一部《史通》，而杜佑则以《通典》开创出史学的新领域。

<h2 style="text-align:center">二</h2>

　　唐玄宗是唐代由盛转衰的关键。安史之乱以前，大唐帝国声威远播，达到前所未有的富庶强大。此后，国势如江河日下，再加上朝廷内有宦官跋扈，朋党相争，外有藩镇肆虐，外患频仍，交相进逼之下，中晚唐的政局并不算稳定。

　　杜佑正是在这一背景下成长的人物，也是这一时代的见证者。他虽然在宦海中浮沉升降了六十年之久，也曾历仕六朝，位极人臣，但是，他对唐代中叶的紊乱政局，并未产生丝毫振衰起弊的作用，更谈不上有拨乱反正之功。宋代欧阳修、宋祁等人所修撰的《新唐书》上，对他的评语是：

　　淳儒，大衣高冠，雍容庙堂，道古今，处成务，可也；以大节责之，盖磻中而玉表欤！

意思是指杜佑为一地道的读书人，如果在升平治世的时代，还可望有一番作为，但是碰到中唐这种混乱的环境，就欠缺大魄力与大担当了。

然而，历代之所以赞美《通典》，并不是因为杜佑在政治上位居高位的缘故，而是因为他编撰的这部《通典》，罗列古今历代典章制度的因革损益，内容详赡，脉络分明，可说是典制史上一座蕴藏丰富的史料大宝库。以下就分别说明杜佑为什么编撰《通典》，如何编撰，具备哪些特点，对中国史学的贡献何在。

三

古人说："泰山不让细壤，故能成其高；江海不择细流，故能就其深。"唐代的史学，也正表现出这一种蓬勃的气象，一方面纳川汇海，总结魏晋以来的成就，另一方面不断推陈出新，创造唐宋以后的契机。当时史学家中较著名的有专门注重名物训诂研究的颜师古等人，有侧重研究史书体例的刘知几，也有意在典章制度的赵仁本、蒋乂等人，称得上是百花齐放、百家争鸣、群说毕出、蔚为大观。

以典章制度为主的史书，在中国正史之中，就是所谓的"志"与"书"一类，如《史记》有《平准书》《封禅书》；《汉书》有《食货志》《礼仪志》等。除了这两部书外，其余的大都专记一朝一代的典制，很少有贯通古今的记载。

从魏晋南北朝到唐初，典制史撰述的风气逐渐形成时尚，而且从正史里面独立出来，成为一门专门的学问。唐朝初期，以著述一代典章制度而单独成书的有李延寿的《太宗政典》，中唐有苏冕的《唐会要》、刘秩的《政典》，晚唐还有王彦威的《唐典》等，都是同一类的著作，说明在杜佑的《通典》问世的前后，撰述典制史已经形成一股学术风气，不断冲击着史学界。

四

《旧唐书·杜佑传》上记载，唐玄宗开元末年时，史官刘知几的儿子刘秩挑选中国经、史、百家的记载，依照《周礼》所描述的天、地、春、夏、秋、冬六官的职制，撰写一部三十五卷的《政典》，极享盛名，大为当时著名学者专家的赞誉。而杜佑自从看到了刘秩的《政典》以后，潜心探索其中蕴含的精义、主旨，他认为《政典》的条目、内容都还不够完备，因而加以扩大增广，并且补录了玄宗时代的《开元礼》和《开元乐》，撰述完成《通典》一书，共二百卷。

宋朝著名的文学家苏东坡也曾经记载说：当代叙述兵制，全都取材于《通典》，而《通典》虽然是杜佑所收集编纂，但它的源流乃是出自刘秩。

宋朝距离唐世尚不远，这两种记载都直接指明《通典》本于刘秩的《政典》，应当是不错的。然而，除此之外，玄宗开元二十七年（公元739年），宰相张九龄、李林甫等人曾编修一部名为《六典》的书，有三十卷。它的内容是以周代官制的三师、三公、三省、九寺、五监与十二卫为纲要，罗列了每一个职官的职掌，记载了每一个职官的品级，而整部书也是模仿《周礼》。由此，可以知道《六典》和《政典》都是以《周礼》一书为蓝本，性质相类似的著述，并且均是杜佑撰写《通典》的主要依据。

除了上面所说的两书以外，《通典》另一个重要的史源是玄宗开元二十九年（公元741年）颁行的《大唐开元礼》。杜佑曾经赞美这部书是："百代之损益，三变而著名，酌乎文质，悬诸日月，可为盛矣。"

在总数达二百卷的《通典》里，关于礼的部分有一百卷之多，占全书一半的篇幅。杜佑对礼的次序，排列为吉礼、宾礼、军礼、嘉礼与凶礼。这种排列，并不是杜佑首创，早在唐初所修撰的《贞观礼》已经开始采用这种次序，而《开元礼》沿用《贞观礼》《显庆礼》，《通典》又加以承袭罢了。但是，《通典》将原为一百五十卷的《开元礼》删节为三十五卷，这种取材方式，疏漏自然在所难免，所以清朝编纂的《四库全书总目》特别称誉《开元礼》的赅洽完赡，凡是朝廷礼仪有疑问时，稽考《开元礼》就可以得到解答，若是国家有盛大的举动仪式，依照《开元礼》记载就可以实行，推崇它是一部研究"礼"制的圭臬。相对地，对《通典》就颇有微词了。

关于乐的方面，中国从先秦以降，《乐经》失传，虽然学者常常拿礼乐并称，实际上却很少有人专门去研究乐。唐朝建国以后，高祖、太宗采用隋朝的乐，命令祖孝孙、张文收二人研究制定，但是并无完整的规章流传下来，史书上的记载也仅仅是聊备一格，因此，杜佑在撰写《通典》乐门的时候，也感到资料非常贫乏，极为困扰，最后只好收集了开元年间制定、通行的乐，加上历代沿革经过的大概而定。

在礼、乐与政制之外，唐朝还有一批学者专心致力于州郡、边疆地理以及外藩诸夷民族的研究，成绩斐然，颇有可观之处。这种风气的盛行，最主要的因素是政府的提倡、监督，如政府规定地方州府必须三年一造地图，对唐帝国域外的国家由中央政府的鸿胪寺派官，负责讯问各国的使臣、侨民，记录每一个国家的山川风土，然后制成地图，报告给朝廷。最有名的地理书籍，稍早有唐高宗时代，许敬宗撰《西域图志》六十卷，详细记载西域各国的风俗物产。武则天时也曾经下令尚献甫召集学者修撰《方域图》。这些记载到了玄宗天宝年间，与实际情形不相符合，改变甚大，因而时时下令加以修改。

唐玄宗以后，最著名的地理书籍首推德宗贞元年间宰相贾耽所撰的《海内华夷图》，以及《古今郡国县道四夷述》，称得上是巨细靡遗，莫不备载。贾耽经常到出使夷狄的使臣那里，询问风俗，深明当时天下地土、区产、山川与夷岨，《新唐书》即极为赞美他的著作。

贾耽的书，今天虽然多已失传，但作为和杜佑同时代的人物，他的著作也是在德宗贞元十七年（公元801年）完成并献于德宗，我们并没有直接的史料证明《通典》本于贾耽的著作，但推测杜佑曾参考他的著作，或者采用相同来源的资料，应是极为可能的事情。况且杜佑的父亲杜希望曾经担任过和亲判官这一职务，出使吐蕃，又出任鸿胪卿，主管外国事务，他和贾耽应当也有过交往才是。换句话说，杜佑就在这种种风气与家学的交互影响之下，从事《通典》的撰述工作。

五

说明了唐代的史学环境与《通典》选述的时代背景之后，接下来我们就可以来介绍杜佑的生平。

杜佑，字君卿，京兆万年（今陕西西安市临潼区）人。他的家世在唐代甚为显赫，杜氏一族仕宦至宰相的人多达十余位。杜氏这一系从魏晋南北朝到唐代，共分为杜陵、京兆、襄阳、恒水与濮阳五个分支，杜佑自认出自杜陵这一支，但也有历史学家考证他是出于襄阳一支的。

杜佑出生于唐玄宗开元二十三年（公元735年），唐朝边境虽经常有契丹、奚、突骑施、吐蕃等骚扰，但是唐朝的殷富丰饶已经达到开国以来前所未有的巅峰。司马光在《资治通鉴》里描述开元末年的富庶说：

> 西京、东都米斛直钱不满二百，绢匹亦如之。海内富安，行者虽万里不持寸兵。

杜佑的童年时光，就是在富庶繁荣、人文荟萃的首都长安度过。但他自小读书，就不喜欢那些专讲对偶章句、华丽辞藻的文章，终于未能与流俗一样，自时下盛行的科举考试进入仕途，而是以他父亲的官位荫任补官。

杜佑正式踏入官场，大约在玄宗大宝末年到肃宗至德初年期间。这时候唐帝国国势颓危不振，历史上的所谓"安史之乱""建中之变""永贞内禅"等事变都是在杜佑的生平期间发生。当时杜佑或是在朝廷任职，或是出镇担任节度使，终其一生，都没有卷入各种政治风潮，也没有参与阉宦、朋党的冲突之中。

总计他一生，宦途生涯几乎达一甲子之久，直到宪宗元和七年（公元813年）十月壬辰病逝，享年七十八岁。政治生命的长远，也是国史上极为罕见的。他曾历事玄宗、肃宗、代宗、德宗、顺宗与宪宗六任皇帝，担任过德宗、顺宗与宪宗三朝的宰相，位至三公，可说是国之大佬。他一生的著作也很多，除了最著名的《通典》之外，还有《宾佐记》一卷、《管氏指略》二卷与《理道要诀》十卷，这些作品直到宋代仍然十分盛行，流传很广，但今天除了《通典》外，其余都已经散佚无存了。

六

今日我们所见的《通典》，分门情形是：

食货　十二卷　卷一至十二

选举　六卷　卷十三至十八

职官　二十二卷　卷十九至四十

礼　一百卷　卷四十一至一百四十（其中历代沿革有六十五卷，《开元礼》三十五卷）

乐　七卷　卷一百四十一至一百四十七

兵　十五卷　卷一百四十八至一百六十二

刑　八卷　卷一百六十三至一百七十

州郡　十四卷　卷一百七十一至一百八十四

边防　十六卷　卷一百八十五至二百

杜佑在《通典》序中曾说明全书共分为八门，也就是现今通行本的兵、刑合为一门，他认为二者的本质是一样的，他说："大刑用甲兵，十五卷，其次五刑，八卷。"意思就是兵与刑是一体的两面，差距极微，只是有轻重的分别罢了。

唐代宗大历六年（公元771年），李翰为《通典》写序时也说是八门。到了宋朝，几部目录书籍如《直斋书录解题》《郡斋读书志》等都说《通典》的编类为八门，但《直斋书录解题》是把礼与乐合而为一。另外，杜佑在他呈给唐皇帝的《进〈通典〉表》却又说成九门。对这种分目上的歧异，清朝史学家王鸣盛的解释是：李翰的序在《通典》定稿前早已写毕，因为门类未定，后来杜佑自己还有所更动。王鸣盛的解释颇为合理，因为《通典》撰述的时间长达三十余年，杜佑在撰述期间更动原先拟定的篇目是相当可能的。

至于《通典》撰述年代的问题，由于李翰序中提到杜佑从代宗大历初年开始纂写，杜佑自己也说长达三纪。因此，后代的史学家便在"大历之始"和"三纪"这两个字眼上大做文章，出现好几种不同的说法：一说从大历元年（公元766年）到贞元十七年（公元801年）；一说大历三年（公元767年）到贞元十九年（公元803年）；另一说认为大历元年到贞元十七年完成，而贞元十九年所完成的是杜佑根据《通典》删节完成的《理道要诀》一书。也有认为杜佑的编撰时间不止三十六年。大致其撰写的时间确实很长，至少有三十多年，可能在贞元十七年前已经完成，等到这年，他已经是位高名巨，这时候献上《通典》，既可以增加自己的声望，也可以提高《通典》的地位。

七

接下来，让我们讨论杜佑在撰写《通典》时所显现的史学方法。大要有三：第一，会通古今；第二，章法严谨；第三，剪裁允当。

早在唐代以前，刘勰在《文心雕龙·史传篇》就指出中国史家撰述的弊病，他说：

> 若夫追述远代，代远多伪。……录远而欲详其迹，于是弃同即异，穿凿旁说，旧史所无，我书则传，此讹滥之本源，而述远之巨蠹也。……至于寻繁领杂之术，务信弃奇之要，明白头讫之序，品酌事例之条，晓其大纲，则众理可贯。

这段话实在是史家必须遵循不渝的原则，但时代风气多"贱近而贵远，昧微而睹著"，只见树木，不见树林，一直到《通典》问世以后，才一扫唐世的弊风恶习。

《通典》中凡是叙述一项制度时，必上溯于上古三代，下及唐朝，罗举史实，详详细细说明经过原委，而且对唐代的制度尤其精详。清朝史学家章学诚在《文史通义》里特别指出《通典》，正是可以通天下的不通，上达三王，下及当代，贯通古今，当之无愧。梁启超更称赞说"有《通典》而政制通"，就是指会通古今这一点。

典章制度史的撰述，最忌讳的是杂庞无归，漫无所依，如果编撰者不能匠心独运，妥善分门别类，很容易陷入数据庞杂、毫无头绪的泥淖当中，无法探究每一制度的缘由始末，这样就失去会通的意义了。更甚者往往又是搜罗无度，把一切讨论制度的史料，通通纳入书中，章法不严，取舍不一，又无标准可为凭恃，如此一来，便形成史料的大杂烩。

有唐一代学者的毛病正是如此，李翰在《通典》序中很明白地说明这种现象。而杜佑的《通典》，分为九门，每一门再分以细目，列举史实与历代的议论、批评，逐一返本探原，将礼乐政刑的始末、千载制度的变迁，都纳入二百卷之中，使读者一目了然，这是相当独特的贡献。

另外，我们再从杜佑仕宦的经历来看，总计他一生之中，曾担任过数十个职官。假如从大历元年开始撰写《通典》算起，到贞元十七年呈献给皇帝为止，三十六年里，杜佑的简历大致是：司法参军、主客员外郎、工部郎中、青苗使、抚州刺史、御史中丞、容管经略使、金部郎中、江淮水陆转运使、度支郎中兼和籴等使、判度支、苏州刺史、饶州刺史、御史大夫、广州刺史兼岭南节度使、尚书右丞、陕州长史、陕虢观察使、礼部尚书兼扬州长史、淮南节度使、刑部尚书、检校右仆射加同平章事兼徐泗濠节度使。

将上述杜佑的经历与《通典》九门——食货、选举、职官、礼、乐、刑、兵、州郡、边防做一对比，很清楚可以明白这三十六年的阅历与政治生涯，对《通典》的写作有多大的帮助。如杜佑以他所曾参与经济财政决策，以及负责实际执行工作后，在撰写食货门时，必能产生休戚与共的感触。在食货门中，他分别叙述田制、赋税、户口、钱币、盐铁、榷酤、平准、轻重等制度，而且他曾任工部诸司郎中、青苗使、转运使、度支郎中与和籴使等职务，这种实务经验，配合独具的历史眼光，一定比其他足不出户的学者仅就史料排比更为精辟，也更能体会制度的利弊所在。其他如礼、乐等也是和上述情形一样，读者略加比较，自能明白，不必多说了。

杜佑仕宦既久，足迹也遍及大江南北，每能观察各地风土，同时他受到父亲杜希望影响很大，对外蕃诸夷必有一番心得。

在《通典》中，我们屡屡看到杜佑的"说曰""议曰""评曰""论曰"等文字，这些都是就一代制度或前世后代相悖相契的地方，发表议论，比较古今得失的所在，并不与叙述历代制度之处相混杂，他的精审由此可见一斑。所以章学诚称誉《通典》，我们赞扬他"章法严谨"，并不是过誉之词。

《通典》一书，体例不可谓之不大，类目不可谓之不细。如何将庞杂的史料系统地纳入二百卷之中，这就全靠杜佑的剪裁之功了。正因为体大博洽，纲目巨全，包罗古今，涵贯精粗，唐宋时代的人甚至视之为"类书"，而《四库全书总目》称赞它"详而不烦，简而有要"，清朝乾隆皇帝说它"网罗百代，兼总而条贯之"，周中孚《郑堂读书记》说"包括宏富，义例严整，繁不至冗，简不至漏"，都说明《通典》的取材、剪裁，乃是别创一体，既近于纪事本末体，又可以补纪传体、编年体的不足，实为开创唐代史学新途径的第一人。

八

史学的目的，并不仅是为史学而史学，更包含有更远大、更恢宏的理想。在杜佑看来，他服膺古人所谓的"三不朽"——立德、立功、立言，盼望能通过《通典》的撰写，达到立功与立言的目的，企求他的理想，能用《通典》表达出来，能实施于当代，有补于时政。

杜佑借着《通典》来表达他"将施有政，用乂邦家"的计划，以挽回大唐帝国江河日下的颓势。同时他也对当时学者蝇营狗苟，专务于辞章之学现象感到十分痛心。因此，在《通典·自序》中提出他的一番政治理想：

夫理道之先，在乎行教化，教化之本在乎足衣食，易称聚人曰财，洪范八政，一曰食，二曰货。管子曰：仓廪实，知礼节；衣食足，知荣辱。夫子曰：既富而教，斯之谓矣。夫行教化，在乎设职官；设职官，在乎审官才；审官才，在乎精选举；制礼以端其俗，立乐以和其心，此先哲王致治之大方也。故职官设然后礼乐兴焉，教化隳然后用刑罚焉，列州郡俾分领焉，置边防遏戎狄焉。

可见整部《通典》的内容息息相关，每一门类有如一环，环环相扣。这也说明杜佑不仅仅是从事典制史的编纂，而且企望将他的政治蓝图借着二百卷的《通典》表达出来，影响人心，裨益世局。

这种以写史的方式来表达一个政治思想的蓝图，由来久远，与中国传统儒家的表现方式并没有什么两样。孔子就曾借《春秋》企图拨乱反正，达到"乱臣贼子惧"的理想政治，可说传统史学的最高理想，是为"经世史学"。换句话说，乃是寓政治思想于史学之中，杜佑充分地表达了这一努力，无怪乎乾隆皇帝称誉《通典》是一部"经国之良谋"。

九

杜佑经世思想中首重民生经济，由于他曾经多次担任主管经济措施方面的大员，也出任过地方长官，与百姓时有接触，相当能够体会一般百姓的需要。他认为政治上的一切措施应该以民生为主，如果居上位的人不能够满足百姓的基本需求——衣食温饱，还谈什么教化理道呢？诚如管子所说的："仓廪实，知礼节；衣食足，知荣辱。"如此才能看清政治问题的症结所在，而所谓"政治"，应是政府施政以百姓的利益为出发点，让人民能达到富、足、均的境界。要达到这一点，首先执政者必须以仁德爱民，培养人民对政府的信心，使百姓对政府产生深切凝厚的向心力，也就是政府与百姓牢牢地结合在一起，庙堂与江湖之间没有隔阂闭塞，上与下能够密切沟通，国本自然深厚，国基自然屹立不摇。

但是政府的一切支出，都是来自人民，因此必须以公平的赋税向百姓征收。他特别向往三代的授田给人民，因为如此一来，政府与人民之间就产生相对的给予关系，而不仅仅是政府单方面的敛之于民。

杜佑赞美古代的井田制度是富国富民的良法，虽然时代、环境转变，后世再也无法恢复，但是井田的精神——乡党互相扶助救济，应该继续推行。能授田给人民，足以杜塞争端，防范不足，百姓淳然，亲和团结，百姓富庶则国本自然雄厚，可谓两全其美，臻于理想国家的境界。

自从秦汉以降，井田制度破坏，土地可以自由买卖，形成富者占山连城，贫者无立锥之地的情形，因此应当防制权豪之家兼并土地。初唐所实施的均田制，还能达到这一理想，然而，安史之乱后的帝国再也无法恢复昔日的光荣，均田制既没有办法维持，与授田法相伴的租庸调制也颓然不行，而改行两税法，甚至有各种名目的赋税增加，这一切都形成政府单方面的敛取人民。

衰乱时代的苛捐杂税，重敛暴赋，最足以导致人民的反感，加以冗官冗员充斥在僵化的政府当中，使得各职司往往不得其人而任。上焉者伴食君主，下焉者贪墨侵渔，无所不为，上下不得相通与闻。杜佑认为这就是法斁纪乱的时代，但如何从根本上改革弊端呢？

他首先指出文士和胥吏是不足为政的，胥吏政治是最坏的政治形态。因为如果政事由胥吏操纵把持，则人民对政府就会丧失信心，因此，政府应当积极培养主管经济的专门人才，亲自主持实际事务，从而使胥吏无法上下其手、欺瞒长官、压榨百姓。

在改革政府财政困窘方面，杜佑认为政府对人民如果横征暴敛，那无异是杀鸡取卵的不智之举。他主张从两方面着手，首先在政府方面应"省用"，国君先从自身做起，到裁汰冗员都在范围之内；其次为"轻税"，杜佑自客观环境分析，认为轻税、省用实际上是一体两面，如果轻税则人民安定，不致逃亡他乡，免于流离转徙之苦，也益加勤劳于农耕种植，再申乡党互助的民间组织为辅助，则人民富而强，国家也才能强盛。最后，他从节用轻税，论说安民的办法，主张采用汉代晁错的"贵粟"之方，也就是重农重谷政策，才能建立教化的基础。

十

政治乃是因于人事、人才的消长，往往可以决定一代的治乱与否。简拔真才实学之人，分配职司当是政治清明进步的首要之务。

杜佑认为，一个政治结构中，必然会产生尊卑君臣的关系，而人的欲望没有穷尽，如果没有国君治理必定天下大乱，而君主也无法以一个人的力量来治理天下，所以分别设立许多职官帮助他处理政事。因此，有君主然后职官设，这才是论才选士的本原。而国君必须尚德尚贤，以德治天下，选举贤能辅佐，充任职官，也就是将政权普遍开放给人民，而非仅限于少数公卿巨室。

由于上等人才较少，一般人民大都是中等之资，因此应该教化百姓，然后观察、选择才学识兼备的人充当官吏。杜佑特别推崇"两汉号为多士"，就是能从乡举里选，万中擢一，选拔言行、才能俱备的真才。

唐帝国自盛世以来，教育发达，人才辈出，在士多官少的情况下，甄拔选用相当困难，再加上其他种种政治因素，于是只好官外加官，员外增员，伤多且滥的弊病就明显地暴露出来了。武则天时已有"车载斗量"的歌谣，"腕脱把推"的谚语，用来讽刺官吏满街的景象。

在僧多粥少的情况下，造成士子日日竞逐于升官求官之途，最后甚至形成"一州无三数千户，置五六十官员，十羊九牧"的局面。杜佑认为解决的办法，唯有省等级、鼓励人民从事工商业，才可以避免人才集中、人才过剩的病根。

唐政府取士任官的步骤，除通过礼部考试外，还要经过吏部身、言、书、判的甄选，所谓身言书判，即体貌丰伟、言辞辩正、楷法遒美、文理优良。杜佑认为四者之中，举措可观，词说合理，都属于才干能力，要观察一个人是否具有才干，观其判就能了解，至于书法字体，只要不至乖劣就可以了。他认为最好的措施是恢复古代乡举里选的办法。

十一

杜佑在《通典·自序》里说："制礼以端其俗，立乐以和其心，此先哲王致治之大方也。"确然，在三代之世，礼乐是宗法社会的维系力量，天下一体。但三代以后，礼乐已经失去了它们本有的理想与精神所在。

唐代的环境也是如此，有关礼乐的事物名数、降登揖让、拜俛伏兴等细节，成为专门官员负责的事情，斤斤计较于礼乐的枝节末叶，早已丧失教化成俗的精神。

杜佑在《通典》中，以一半的篇幅，采纂抄录礼乐的本制。首先对每一制度都详细说明古今不同的地方，阐释其精神的所在；其次考证原意，从诸家庞杂的解释注疏中，发挥"从宜之旨"，希望合于当时所用，这点可以说明他对三代"治出于一，而礼乐达于天下"的向往。

十二

上面所说的民生经济、选才设职、礼乐教化，还要用安内攘外为辅。就是用刑罚、列州郡以安内，置边防、遏戎狄以攘外，属于"教化隳"后的解决方法。

所谓五刑是大刑用甲兵，次用斧钺；中刑用刀锯，次用钻凿；薄刑用鞭扑。杜佑认为用刑应该本于先王爱人求理的原意，而不是害人作威、钳制百姓的工具，所以实施时必须分辨本末次序，不能滥用无度，让人民动辄触犯刑章，生活于恐惧之中。对于唐代中叶政治社会混乱的弊病，他认为矫正之途不是在用重刑、轻刑的争论之上可以解决，治乱隆污的关键是在于"无私绝滥"，而不是在法的宽松与否，这真可称得上是一针见血、鞭辟入里之论。

杜佑认为列置州郡地方行政单位，防范戎狄部族的袭扰，才能让教化行之于全国，所以大刑用甲兵，甲兵就是行教化的工具，而不是目的。但是用甲兵必须谨慎而谋，如果措置得当，自然国治民安，否则就会国乱民危。因此，他特别取《孙子兵法》十三篇的义旨，配合历朝历代行军部署、统军御兵相类似的例证，分成十五卷叙述。例如唐太宗、高宗时，所以能强盛，乃是政府制度、处置得宜，使兵为国有，事毕将还朝廷，兵归于本业，没有将帅专擅、危害国家的事情发生。

他认为穷兵黩武易肇败亡，如唐玄宗所以亡命奔四川，唐帝国国基动摇，危如累卵，即是由于边将骄矜邀功，于是兵集于边境而京师空虚，造成朝廷中央势衰力薄的局面，因此，政府想用兵命将，应该做到汉代贾谊所说的"治天下者，令海内之势，如身之使臂，臂之使指"，操纵自如，控制将帅士兵的调动指挥，使将士全为国家所有，就不会发生将领图拥重兵、干纪作乱的事情了。

他以为国君治理天下，对四夷的教化，要从道德去感召；治理本国，须让人民休养生息，使国家安宁而天下绥服，达到天下一家的理想。

总之，杜佑的主张是国君修仁务德，则四夷从化，外患自然无由而生，使才智之士管理州郡，杜绝私滥，与民休息，百姓宁谧，则内清而外平，纵然礼乐教化稍隳，国家还不至陷于危殆之局。

十三

唐朝权德舆在杜佑的《墓志铭序》里称美杜佑说：

若公都将相之重，兼文武之全，三代论道，两朝总己，缙绅瞻仰者凡六十年。

　　六十年的漫长宦途中一半以上的时间，杜佑也从事《通典》的撰写，因此，我们可以说杜佑一生之中，史学与政治是紧紧契合着，也是他一生精力之所萃。

　　杜佑撰成《通典》以后，典制史纂述的风气更加兴盛，元稹就以人文豪的身份撰成一部《古今刑政书》三百卷。唐宣宗大中年间，姚康也撰成《统史》三百卷，时间上自开辟，下尽隋朝，内容包括帝王美政、诏令制置、铜盐钱谷损益、用兵利害，乃至僧道是非，无所不包，无不备载。最著名的是宋代郑樵的《通志》、马端临《文献通考》，与《通典》合称为"三通"，到清代更形成有所谓"十通"。凡此，都说明《通典》继往开来的卓越贡献，后世赞誉为开山之作，实在不是虚诬之言。

　　当然，《通典》也不免有缺点存在，马端临、《四库总目》、清人王鸣盛等都曾批评它阙失简略的地方，但这些都属于小瑕疵，终究瑕不掩瑜，无损于《通典》的价值与贡献。

第二章

《通典》全篇

自序

　　杜佑少年时代曾经潜心一志地读书，但因为生性顽顿，无法通达法律技艺，也不喜欢诗词歌赋这一类的作品。现在我所编纂的《通典》，主要是从群书中采择所得，用古往今来的历史事实加以验证，希望能对施政有所帮助。

　　治理天下的要道，首先就是行教化，而教化的根本方法是要让人民衣暖食饱，不致有匮乏之虞。《易经》说：人只要聚集在一起，团结在一起，就是国家最重要的财富。《洪范》上所说的"八政"，第一项就是"食"，第二项是"货"。《管子》也说：要仓库里米粮充足，人民不致遭到饥乏，然后才想到礼节的实施。衣食无缺，然后才知道荣辱羞耻的道德观念。孔子也说：能够让百姓富足，再用礼乐来教化他们。这些往圣古哲所说的话，都是同样的道理。

　　如果要教化人民，就得设官分职；要设官分职，就必须考察官吏的才能；要审查官员的才能，就要好好地选拔人才。制定礼，以礼来端正人民的风俗习惯；设立乐，用乐让人民的心境趋于祥和融美，这就是过去圣君哲王能够天下大治的主要施政纲领。所以，在设官分职以后，就要振兴礼乐，如果不幸地碰到礼乐教化衰颓不振，才用刑罚来约束人民。另外分别设立州郡，俾便于中央和地方的统辖联系，布置边境的防卫以遏阻外部袭扰。

因此，本书《通典》以食货门列第一，有十二卷；其次是选举门，六卷；次之是职官门，二十二卷；次之是礼门，一百卷；次之是乐门，七卷；次之是刑门，刑再分为兵门十五卷，五刑八卷；再次之是州郡门，十四卷；最后是边防门，十六卷。以上序言所说的用意，希望读者从而了解本书章节安排的苦心孤诣。

一、食货

田制

粮食是维持人生命的泉源，土地是粮食种植的根本，赖以生长的凭借，人民则是国君教化治理的对象。一个国家能够维持粮食生产富足无缺，才能不虞匮乏；能够办好地政，改良土地良窳，奖励生产，则人民衣食无缺，才能繁衍不息；能够仔细调查人民年龄、性别等，他们所负担的劳役才会平均。换句话说，治国理民必须确实地把握粮食、人民与土地三要素，才是真正的善政。

田制就是基于上述的要求而设立的。中国土地制度的由来，由于史料不足，传说中的帝尧、帝舜时代以前我们不得而知。但到了帝尧时代，天下到处洪水泛滥，形成一片水乡泽国，幸赖大禹治平洪水，人民才得以安居乐业，天下也才开始分为九州：冀州、兖州、青州、徐州、扬州、荆州、豫州、梁州与雍州。

周代实施所谓的井田制，授田于民，演变到战国时代，秦孝公任用商鞅，大肆改革，废除了井田的公田制度，奖励人民开山垦地，允许土地自由买卖，不到几年的时光，秦国因此而国富兵强，无敌于天下。

汉朝时贾谊、董仲舒等人都曾先后上疏论及土地可以自由买卖的结果，会使富者田连阡陌，贫者却穷得连站着的地方都没有。这种土地兼并的现象，愈演愈烈，因此王莽篡汉以后，便实行所谓"王田"，规定土地不能买卖。但因为王莽享国很短，他的改革措施就被罢废了。此后东汉、晋朝都曾屡次想设法禁止土地兼并的风气，而未能有效地推行，更谈不上任何具体的成效。一直到北魏孝文帝时，采用李安世的建议，行"均田制"，授田于民，颇具成效，所以后来的北齐、北周、隋到唐朝都延续实施均田制。他们之间的差别只是在授给人民土地面积的数额上略有增减罢了。

除此之外，历史上还有所谓"水利田"，起源于战国时代魏国的李悝。李悝教导人民改良耕作方法，提高农田单位面积的产量。后来西门豹引漳水灌溉邺城，秦国开凿郑国渠，李冰开都江堰，汉文帝时文翁开凿蜀郡河口等，几乎历代都有开沟凿渠，引水灌溉，以增加良田的措施，这些统称为"水利田"。

从汉朝开始，另有所谓"屯田"。始于汉昭帝始元二年（公元前85年）调发战士赴朔方，屯田于张掖郡；宣帝时发兵攻击先零羌，也采用屯田的办法。屯田是因为大军出塞远征，将士马牛粮草消耗非常巨大，再加上战线漫长，远征军旅驿程相当遥远，补给困难，而且汉朝又唯恐人民的徭役负担太过频繁，导致国内民生不安，四夷会趁这个机会来进攻，于是命令将士出征时，军留停于要塞之地，选择水草丰茂、灌溉便利的地方，就近耕种，以耕以守，无须再从国内劳师动众，千里迢迢地转运粮草，同时也可以免除旷日废时，人马疲困，坐待补给品运到的危机。

因此，愈是战争频繁的时候，为安定民生，觅取军食来源的稳定，大都实施屯田。如三国时代，魏武帝曹操屯田于许都；邓艾伐吴时，屯田于淮河南北；晋平吴以后，杜预开河于荆州，军士屯田镇守，南方从此才真正臣服于晋的统治。后来的北魏、北齐都同样有屯田的举措。

到了唐朝，玄宗开元二十五年（公元737年）下令，凡是天下各地的屯田，都归中央的司农寺所隶属管辖，由司农寺依照各地区屯田的多少、人员的众寡、土地的肥沃贫瘠，分别配与耕牛，规定屯田的等级。到玄宗天宝八年（公元749年）时，全国屯田收入共计一百九十一万三千九百六十石，其中关内道五十六万三千八百一十石；河北道四十万三千二百八十石；河东道二十四万五千八百八十石；河西道二十六万零八十八石；陇右道四十四万九百零二石。从上述这些数字，我们可以知道屯田所分布的区域，集中于唐帝国首都所在的关中，以及西北、正北与东北的边防之地，用意就是在边疆要塞屯田备虏，不须仰赖于长途转运的内地补给，能够就地解决边地军民的粮食问题。

乡党

过去相传黄帝经营土地，设置井邑，以解决人民彼此之间争夺田地的讼端，并且创立以"步""亩"为丈量土地的准绳，以防止因土地不足而引起的纠纷。于是黄帝以八家为一井，每一井中开辟四条道路分为八家田园，井凿于中央的公田之地。设立井田制的目的，一则可以使地气不泄，人民各守其土地；二则由八家共同分摊费用，不需专责一家；三则各地风俗相同，混一生活；四则八家贫富相等，并无贫富巧拙的差别；五则财货互通，彼此共生同利；六则存亡更守，祸福休戚与共；七则出入同道，情感容易萌生；八则嫁娶互为媒介，并为一家；九则贫急借贷，互通有无，近邻协和；十则疾病救济，相互扶持。

假如依照井田的理想，由于共同生活，彼此情谊习性相同，更容易增进情感，而生产平均，也可以杜绝邻里的欺凌，使相互斗讼之心消弭于无形。所以，以八家一井为"邻"，三邻合为一"朋"，三朋为一"里"，五里为一"邑"，十邑为一"都"，十都为一"师"，十师为一"州"，从小推及于大，将地方组织起来，而推究原始就是从"井"开端，普天下都以州数来计算。这样一来，天下户口土地数目多寡，首尾端末，一目了然，极为清楚便利。因此后来的夏、殷相传都沿袭采用井田制。

井田的精神还有将人民编组起来的用意，后代虽然不行井田，但组织人民，设立地方基层组织，大多师法其意。春秋时期齐桓公用管仲，把人民纳入什伍制，军政合一，齐国遂得称霸天下。后来的东晋、南朝时代，政府时常下令实施"土断"，意思是将流亡、迁徙到江南的北方士庶，依据他们的居地而定户籍，纳入政府户籍之中。

北朝时期，北魏因为是鲜卑人入主中原，对北方的情况不甚熟稔，加上鲜卑本业游牧，并没有中原人着籍于地的观念，因而常有户口隐匿的情形发生，如五十家或三十家才叫作一户，这就是所谓"荫附"。荫附的人无须负担政府的兵役与劳役，但要缴纳数倍于政府征收税额的赋敛给豪强，使得政府户口税收大为减少。因此到北魏孝文帝太和十年（公元486年），给事中李冲建议设立"三长制"，采用古制，以五家立一邻长，五邻立一里长，五里立一党长，将人民编组起来，当时虽遭到不少反对意见的攻击，但最后终告实施，情况大为改善。于是后来的北齐、隋与唐代都承袭此制度的精神，只在枝节末叶上有少许更革变动。

如此一来，政府税收才有一定的标准，国库收入才能维持一定的数目，再也没有荫附于豪宗强室的人，而人民统归于政府的户籍之中。

赋税

古代的国君并不是一味单方面地敛取于人民，国君之所以制定赋税，就是把公田收入的十分之一，以及工商买卖按一定比例，充作赋税。税是用来维持郊庙社稷的祭祀、君主的奉养与百官的俸禄粮食；赋是用来供给车马兵甲士徒的费用与赏赐。

以往人君每年役使人民劳动的时间不超过三日，因此虽然到唐朝已经增加到二十日，数倍于过去，但制度之名仍称为"庸"；而税是收取自有田地的人家，以供给士徒车辇的徭役之用，所以历代都是依照田地多寡而定租税收取的数额，名之为"租"；至于所谓"调"，还保存有古代井田制度里调发兵车的名目。这些都说明国君并不是单方面取之于民，而是取其十分之一，恰得中道。所以说古代的圣王以义为利，不以利为利，宁可将财货积聚于人民，而不愿收归于国家公库，这才是"百姓不足，君孰与足"的真谛。

古代制度我们不太清楚。根据《左传》记载，鲁宣公十五年（公元前594年）"初税亩"，取什一为税，让人民得尽地力。但秦帝国并不依土地多寡来向人民收税，导致土地买卖之风愈盛，兼并愈烈，贫者愈贫，在无法缴纳税金之后只好逃亡，富豪则乘机兼并土地，而秦二世皇帝时候不但不曾加以抑制，反而变本加厉，终于使得秦帝国土崩瓦解。汉高祖统一天下，后定税制十五税一，稍微减轻田租；到汉景帝二年（公元前155年），又将租率减轻一半，实施三十税一。此后历经魏晋南北朝，大都随着国家的财政状况，收取不同的赋税，大致名目、税率都比以前要增加许多。

唐代实行租庸调制，每一人纳租二石，岁役二十日，缴绢二丈。但玄宗开元中叶到天宝年间，兴兵周边，每年增加的军费数额庞大，岁输米粟达三百六十万石，匹段、给衣则达五百三十万，另外有别支二百一十万，供应军食达一百九十万石，大约总计高达一千二百六十万贯之多，比起开元以前每年军费不过二百万贯的情形，相差真是太大了。更何况，从天宝以后，军费的耗用有增无减，还不包括赏赐等开销在内，唐政府当时负责管理财务的机构，一心一意只想剥削百姓，扩大赋税的名目，加重赋税的数额，这样一来，虽然增加了府库的收入，却导致人民的穷困。

历代盛衰户口

上古的情况，我们不太清楚。禹导河治水，又会诸侯于涂山，天下共称万国，分为九州，人口有一千三百五十五万三千九百二十三。到了周公辅佐成王时，人口共一千三百七十四万四千九百二十三，这是周朝最兴盛的时候。等到平王东迁，才有一千一百八十四万一千九百二十三人。后来陆续经过春秋、战国时代列国相互兼并，战乱频仍，人口的死亡更大，加以秦帝国大兴工役，苛使人民，二世皇帝末年的楚汉相争，人口大为锐减，汉朝只好与民休息，一直到平帝元始二年（公元2年），才恢复为户一千二百二十三万三千，口五千九百五十九万四千九百七十八，这是汉帝国最盛时的户口数目。

东汉光武中兴以后，兵事渐息，到明帝、章帝以后，天下无事，所重唯在养民，因而人口的增殖很快，到桓帝永寿三年（公元157年），户达一千零六十七万七千九百六十，口有五千六百四十八万六千八百五十六。

汉末爆发了黄巾之乱，董卓称兵内侮，天下一片荒废残破，当时人口所存，不到以往的十之一二。三国时代战争仍不停息，各国人口都有耗损。曹魏平蜀汉后共有户九十四万三千四百二十三，口有五百三十七万二千八百八十一；平蜀以前，魏只有户六十六万三千四百二十三，口四百四十三万二千八百八十一；孙吴最盛时户才五十二万，口二百三十万。

至晋统一天下，当时编入户籍的共有户二百四十五万九千八百四，口有一千六百一十六万三千八百六十三，这是晋最盛的时候，比起汉朝，还不到三分之一。

南朝的户口不多，宋武帝大明八年（公元464年）户仅九十万六千八百七十，口四百六十八万五千五百零一；齐享祚短促，户口数不详；梁则因书籍户册遭焚，也无法详知；至于陈只有户六十万，隋灭陈时，更仅有户五十万，口二百万而已。

北朝北魏时有户五百余万，后因遭尔朱氏之乱，政治败坏，社会动荡不安，终于分裂为东、西魏二国，彼此攻伐征战，人民流离失所，如依照旧史的记载，户仅余二百三十七万五千三百六十八。北齐有户三百零三万二千五百二十八，口二千万六千八百八十；北周最盛时户有三百五十九万，口九百万九千六百零四。

隋文帝节俭克勤，与民休息，并不加赋于民，于是人口繁衍很快，到隋炀帝大业二年(公元606年)全国户增至八百九十万七千五百三十六，口四千六百零一万九千九百五十六，这是隋最鼎盛的时候，比起南北朝时期，增加了一倍左右。

隋末天下大乱，李唐讨平群雄，平定天下。但太宗贞观年间，户还不满三百万，后来因为疆土的扩大，太宗、高宗勤力致治，到玄宗开元二十年（公元732年），户有七百八十六万一千二百三十六，口四千五百四十三万一千二百六十五，至天宝元年(公元742年)已增加为户八百三十四万八千三百九十五，口四千五百三十一万一千二百七十二。天宝十四载(公元755年)时，全国户有八百九十一万四千七百九，口五千二百九十一万九千三百九，这是唐帝国最盛时的户口总数。

丁中

汉景帝二年（公元前155年）下令，天下男子年二十"傅"。所谓的傅，就是将姓名登录于政府簿籍之上，负担公家的徭役。

晋武帝平吴，统一天下以后，令男子年十六以上至六十岁为正丁，十五以下至十三岁、六十岁以上至六十五为次丁，十二岁以下为小，六十六岁以上为老，老、小不需服役。北齐规定男子十八岁以上、六十五岁以下为丁，十六以上、十七以下为中，六十六岁以上为老、十五岁以下为小。隋文帝时令男女三岁以下为黄，十岁以下为小，十七岁以下为中，十八岁以上为丁，作为课税服役的年龄标准，而六十岁以上为老，一切徭役负担全免；但开皇三年（公元583年）又曾规定以二十一岁才算作丁，隋炀帝时又因户口增加，改为年二十二才成丁。

大唐高祖武德七年（公元624年）令男女出生为黄，四岁为小，十六岁为中，二十一岁为丁，六十岁为老。玄宗天宝三年（公元744年）又规定以十八岁以上男子为中男，二十三岁以上成丁。

杜佑评论说，过去圣贤曾教导我们"仓廪实，知礼节；衣食足，知荣辱"的道理。孔子告诉我们为政之道首先要让人民生活富足，不虞匮乏，然后再用礼乐来教化，则国家政治安定，人民富足安乐。如果能达到这一境界而人民还要起来造反，是古往今来所没有的事。

实际上，一个家庭的富足并不是因为逃税的缘故，国家的富足也不是因为向人民收取很重的赋税。如果人民逃税，则无法依靠土地，哪里还会富足呢？如果政府重敛，则人民贫穷，国家哪里还会富足呢？过去的史实斑斑，不都是最好的明证吗？

现在人民穷困，政府收入不敷支出，都是因为官吏才能与职位不相称，玩法怠惰，而主管户役的人员动辄以风流相尚，日日奔竞于官场，汲汲营求升官之途，将一切事情交给胥吏办理，导致货贿于公府，财送于胥吏，人民当然越来越贫困。如今之计，应该参酌过去晋、隋的经验，使人民著名登录于户籍，安于土地，减税少役，而且一切赋役力求平均，那么人民都知道赋税减轻，就不会萌生抛弃家园、逃离他乡的心思，也能增加农桑的收益，这样才是治民理国的正道。

过去治理人民首先要了解户口多寡，而将人民赋役平均，国富家给，教化从风。如果不如此做的话，则版图脱漏，人民宛如鸟兽一般各地流窜，根本无法掌握确实的户口数目，导致家庭贫窘，国家财政困难，奸宄才会乘隙而生，不法之徒乘机谋利。为政者如果不求根本改革之道，只知道斤斤计较而加重人民的赋税，即使能够解决一时的困难，但不是救本图存的方法啊！

钱币

我国使用钱币来互通有无，由来很早。夏、商以前，钱币分为三品，以珠玉为上币，黄金为中币，白金为下币。秦用黄金、铜钱为币，分为上下二等。汉朝兴起，改用八铢钱，有时用荚钱，有时用白金，有时用赤仄，而八铢、五分钱时用时废。王莽时又设置错刀、金、银、龟、贝等钱币，分为数十种。至于魏文帝曹丕时使用布帛、稻谷作为交易的媒介，蜀汉刘备以一钱当作百钱，孙权政府甚至以一当千，这种因王权不振，无法维持天下秩序的状况，又产生了钱名为"风飘""水浮"的差别，意思是钱币重量极轻，迎风可飘，沉水可浮，用来形容钱币过轻的讽刺之语。总而言之，历代名目甚为繁杂，无法一一遍举。

但是，原先设置钱币的用意，极其深远。由于天下万物无穷无尽，难以一一道尽，所以设名称号作为辨识，而一事一物也必然有它们的用途。如果使用金银为币，则唯恐器物装饰不足，如果使用布帛、稻谷为币，则又恐荷担断裂。只有铜钱可以经常使用，又没有其他的弊病发生，以之作为交易的媒介，可使流通好像泉水一般畅通无阻。况且，如果使用布帛、稻谷为媒介，既恐挑运断裂，又难以铢两分寸来衡量，不易有一标准为凭借。因此，历代的钱货种类名目虽多，但以五铢较为适中，实际应用也最久，主要就是五铢钱能把握到上述的要旨所在。至于现今大唐使用的钱币，虽然比起古代的五铢钱稍微重一点，但使用的时候，斤两大小却也称得上方便。

辅佐周武王败殷商而被封之于齐的姜太公曾说，开启闭塞，使人民能互通有无，才是取得天下、治理国家的方法，才是为政之道最重要的一点。管仲也说：拥有上中下三币，对温饱并不是有帮助，失去三币，也非不关切饥寒。关键是天子掌握着财物以控制人事、治理天下，这称之为"衡"。所谓衡，是使物品价值高下有序，调节有无的供需，而非固定地一成不变，因此人民的有无穷富，都操之于国君手上，那样人民拥戴国君就好像日月一样，亲近国君就好像父母一样。一个国家能够达到国君与人民之间的和谐团结，则生产的人多，人民安康，国家也就富强，不然农桑收获减少，而人贫国危，终究要灭亡的。换句话说，物的轻重高低，是由于法令的缓急，控制的枢纽全在于钱币，而钱币的掌握又在国君手上。

周代制度以商通货，以贾易物。钱币制度黄金方一寸而重一斤，钱则外圆而内孔方，轻重则黄金以斤为单位，钱以铢为单位；布帛以宽二尺二寸，长四丈为一匹。到周景王时因顾虑钱币过轻，改铸大钱。到了春秋、战国时代，各国更相铸币，形式不一。

秦统一天下，规定钱币有两种，黄金以镒为单位，二十两为一镒，名为上币；钱以铜铸成，和周制一样，上面写着半两，重也是半两，这是下币。汉兴以后，由于秦钱过重，难于流通使用，下令百姓改铸荚钱，重一铢半；黄金则依照周制，以斤为单位。吕后时代曾铸有八铢与五分钱，文帝时代也曾因钱日多而益轻，铸四铢钱。汉武帝时征伐四夷，大动干戈，国库不足，因此改行各种货币，有以鹿皮做成的称为皮币，有以银、锡铸成的名为白金，不一而足，造成通货膨胀的现象。一直到元狩五年（公元前118年）铸成五铢钱后，才通行整个汉代。两汉之间，虽经王莽一度改变钱币，但因为币面和币值不相吻合，反而导致覆亡的命运。所以整个东汉，实际上也是流通五铢钱。

三国时魏文帝黄初二年（公元221年）罢废五铢钱，命百姓以布帛、稻谷作为交易的媒介，造成人民违法犯禁者日益增多，只好再恢复使用五铢钱。南朝宋文帝元嘉七年（公元430年）曾立钱置法，铸四铢钱；梁、陈朝时行五铢钱。不管是南朝或北朝，盗铸钱币的情形仍是层出不穷，每一朝代都有。

大唐高祖武德四年（公元621年），废止五铢钱，铸开元通宝钱，每十钱重一两，总计一千钱重六斤四两，大小轻重，最为折中允当，远近各地都乐于使用。因此虽然仍有盗铸，或者改铸其他钱，如干封宝钱、乾元通宝等，但社会上流通使用，总还是以开元通宝来得普遍。

漕运

管子说："粟行三百里，则国无一年之积；粟行四百里，则国无二年之积；粟行五百里，则众有饥色。"孙武也说："千里馈粮，士有饥色；食敌一钟，当吾二十钟。"都说明了粟粮转运的困难所在，无论对产地或转运地都有百害而无一利。

秦帝国想讨伐匈奴，军队补给从东方琅琊运粟到边境，一路迢迢，运粟三十钟，抵达时才剩一石，其余的都在道路上消耗殆尽。汉武帝为通西南夷，役使数万人千里担负馈粮，十余钟只得一石，此后武帝又开道路输粮关中。基于输运的困难，才有所谓漕运的实施。

隋文帝为了关中地区粮食不足，在开皇三年（公元583年）于卫州置黎阳仓，陕州置常平仓，华州置广通仓，并命宇文恺开广通渠，引渭水自大兴城至潼关三百余里，转输关东地区的粮量。到炀帝时为沟通南北水路，转运各地粮食，大业元年（公元605年）开通济渠，自西苑引谷水、洛水通黄河，引河通淮；大业四年（公元608年）开永济渠，引沁水至黄河，通涿郡，作为帝国南北转运，征伐高丽的补给运输大动脉。

唐朝最著名的漕运线是玄宗时代开凿的。玄宗开元年间任命裴耀卿为转运使，沿河设仓，以输粟米。天宝三年（公元744年）命韦坚开漕河，从长安苑西引渭水，经由古代渠道至华阴、入渭水，转输永丰仓及三门仓的储米，供给京师粮食的消耗，名之为广运潭。大致天宝年中，每年水陆两线运粟二百五十万石入关中。

盐铁

管子曾说：近海之国，得海之利。海之利即是盐，因而政府应当谨慎小心地收取合理的盐税。大凡十口之家，十个人都必须食盐；百口之家，百人也都必须食盐。一般平均计算，每个月大男食盐五升左右，大女食盐三升，小男、小女二升左右。由此可知盐和盐税关系着人民日常生活与国家税收，影响甚为重大。同样的情况，铁也是如此，可以用之于耕具、武器、食器等生活、生产与战斗方面。

从汉武帝时设置盐铁官公卖，当时批评者不少。汉昭帝始元六年（公元前81年）还召集贤良文学之士，公开辩论，这就是历史上著名的《盐铁论》。虽然元帝时一度罢废盐铁官三年的时间，但旋即恢复了。此后历经魏晋南北朝都有盐铁税的征收，差别只是在税额的多寡以及地域性的高低罢了。

鬻爵

所谓鬻爵，就是卖官的意思。早在汉文帝时代，晁错就曾建议政府，如果人民纳粟（捐献粮食）即可以拜爵的措施。汉朝政府并定制加以实施：凡是人民纳粟六百石，爵上造（第二等爵），增加到四千石，爵为五大夫（第九等爵），纳一万二千石，得为大庶长（第十八等爵），依照所捐献的多寡以定爵位的级数。从此以后，后代政府如东汉、北魏或唐朝，凡是政府财政窘迫，或收入不敷开销时，都实施同样的措施，只是有时将纳粟改为纳钱，加以明朗化的卖爵位而已。

榷酤

"榷酒酤"始于汉武帝天汉三年（公元前98年），意思是由政府统一总理酿酒贩卖诸事，人民不得制造、贩卖，当时人如车千秋、贾捐之等都曾上书反对；但和盐铁、鬻爵一样，每当国用不足的时候就实施榷酤，较著名的如陈文帝时代、唐代宗广德二年（公元764年）、大历六年（公元771年）以及德宗建中三年（公元782年）几次。

杜佑食货门总评

过去大唐帝国最鼎盛的时候，每年固定的赋税收入，以及钱谷布帛等有五千多万。在这些经费开销之余，常有积蓄，当碰到荒年百姓不足时，每个月还有多余的利息可供国用。但是，自从玄宗天宝年间开始，驻边将领屡屡兴师动众，以征伐外夷而得功劳者愈来愈多，因之宠爱奖赏自然水涨船高，随之增加，每年的费用损耗有增无减，国家财政支出自然倍觉困窘。于是，专务以营利上言的政客，观察这种情势，更加倾力竭智地侵夺人民、剥削人民，以竭泽而渔当成他们的主要工作，每年替政府增加了几百万的收入。后来加上陇右有青海对吐蕃的作战，范阳有天门一战，朔方又爆发布思的叛乱，剑南发生罗凤崄险反抗等事情，我大军出征常见全师尽殁，不见还人的惨剧，或是连城失陷，兵退百里的溃败。起初因为大兴军旅，稍后又添上饥馑灾荒，国家处境愈感困难，力不从心之时，凶逆叛将乘机造反，长安、洛阳都无险要屏障可资防御，而告沦陷。这种种的问题，不但是天时不利，更是人谋不臧所造成的后果。

唐朝自从高祖、太宗创业开国，制定典章制度，施政治民都是采取轻徭薄赋的原则，百姓到今天还在感念他们的恩泽，时时怀念。因此安史之乱，肃宗得以中兴，这点虽然是由于肃宗的英明，以及文臣武将竭忠尽力，但同时也是靠着以往诸位皇帝对人民的恩德所达成的。

如果治国为政者对待人民恩泽深厚，人民爱戴感激之心也同样深厚，人民与国君感情融洽则国基自然稳固，屹立不摇，那么任何外力都难以动摇。百姓之心都团结在国君左右，所以即使有大难发生，也能迅速戡平，过去夏朝少康中兴、周朝平王中兴都是最好的历史明证。反过来说，如果政府赋税敛取繁重，造成人民离心离德，当然不会再去拥护国君，那么国君就成为所谓"独夫"，如殷王纣、秦二世胡亥等，就是因此而亡国的。

如今，兵甲未息，战乱未停，国家财政经费还很繁重，对待人民不宜重征暴敛，但如过轻则国家用度不足。所以我们要参酌历史的借镜，配合时代环境，因弊而变，才是适当的处置方式。要让人民安定，主要是减轻赋税，要减轻赋税，主要是节省用度，如果用度不省而想要轻税，哪能做到呢？因此，当务之急首先在省略那些不急的费用，制定经常耗费的数目，让全天下的百姓都晓得皇帝怀抱着体恤民众的心思，赋税收入并不是归之于一己的花费，人民自然乐于缴纳了。

古代国君取之于人民的，只是土地生产的物品，称之为什一而税。使役人民的劳动力，也是一年三天，从来没有单方面地向人民敛取而未受到人民的怨恨，更何况说是赋税不轻，命令不平均呢！

自远古的燧人氏到三王，他们都致力于轻重法则，以此来制定国家的用度，以压抑兼并之风，形成财足而食丰、人安而政治的境界。这也是国家所最优先考虑的要务，施政理道的第一要务，哪里是一般人所能做到的事情？

综观历代制度的运作、设计与精神，实际上很不容易找到适当的人才来主持。例如周朝的兴起是因为得到姜太公之力；齐国的称霸是因为有管仲为相；魏国的富强因为有李悝的效命；秦国的强盛是因为有商鞅的改革；后周能消灭北齐是因为苏绰的缘故；隋朝能统一天下，结束魏晋南北朝几百年的分崩，则是因为高颎的力量。这六个贤人，最上者可以开创王业、完成霸图，其次能够富国强兵、立事定制为后代所效法。至于说汉代的桑弘羊、耿寿昌之流，虽然出身于市井商贾，追求目标在实利方面，但还有一点成绩出现。除了这些人以外，虽然历代都有一些人才，但是能够经邦正俗、兴利除害、满怀救民济世的方略、洞识致理美治时机的人，实在是相当罕见。

耕作农稼是国家的根本所在，首先应当让农民能够安于农事，因而政府颁授土地给他们，然后才征收生产品的部分。怎么能向农民征收货币，不去征收农民的产品，而专要收取他们所不能生产的东西呢？天下的农人，为了生活上的必需品，都要卖出稻谷等农产品，而豪商巨室，利用农民季节性与不耐久藏的焦急，降价贱收，农民马上就陷入厄运之中，而农产品价格仍然居高不下，这样来回几次，从没有停止的时候，农民生活自然困顿，政府希望他们能安于本业，又怎么可能呢！所以晁错说："欲民务农，在于贵粟，贵粟之道，在于使民以粟为赏罚。"如此一来，农民有钱，米粟也畅通无阻，才是真正的治本之道。果能如此，那天下的土地都能尽辟为良田，天下的粮仓也都能满盈不缺，然后斟酌行为处事，考虑轻重缓急，以王道来教化他们，以雍容和缓的气度来诱导他们，人民自然都能依循礼义的准则，而生活无虞，和乐安康，就不是一件困难的事情了。

往昔尧、汤时代水灾、旱灾等为害，而人民不致贫穷无依，仰赖国家平时的积蓄。假如平常赋敛就繁重苛杂，百姓早已耗竭他们的所有，而政府的收藏甚至不够一年的耗用，不幸再碰到千里土地有水旱虫霜的灾害，或者是哪一地方兴师动众，大起军旅，而致荒废农业生产，又如何能免于陷入财赋短缺，用度匮乏，人民流亡而国家濒临崩溃的危殆命运呢？

二、选举

远古时代传说中的圣王伏羲氏，因为分别事务而任命职官。当时事情简单，人民淳朴，主政者以道化育赞天下，在上者既不专务索求于人民，在下者自然也没有欲望去逢迎，干进求名于君主，百姓自足，海内安宁。当时也没有贤能之士而去批评、非议愚昧的人，大家都注重实际行事，不求沽名钓誉。至于说推举、选拔人才的制度，详细情况我们并不知道。

等到唐尧、虞舜时代，选拔官人，希望借着各地优秀的人才，辅佐君主，裨益地方，推广五教，确立五刑，教导人民播种百谷，主持三礼，有事则咨询各地贤能隐逸高士，几乎所有大小巨细的事情，都一一去访求报告于国君。所以，选拔人才不致会发生所举非人的遗憾，然而为防止官吏的腐化怠惰，仍然规定制度，依照三年、九年的考绩，而决定他们在仕途的升迁转降，以达到选贤任能的大略。

三王时代，人民已经失去淳朴的风气，散漫而颇难教化，风俗也趋于沦丧败坏，只有勤于教育，设立庠、塾学校于乡间各地，建立黉学于国都大邑，作为训育、教导公卿大夫子弟的场所，造就俊士、造士等人才的目标。大抵从幼年入学，到四十岁才入仕，这时学习多年，行为端正已趋定型，准备也已周全，理事治业才能有所成就。

但是秦汉以降，却异于此道，反其道而行，只求速成，如何够得上是培养教育？人本来就是上材极少，一般多是中等之资，而有可移之情性，如果能够施以良好的教育则为善，反之，如果不讲求教育，不从基础培养，而急功近利，只求多贤，这实是舍本逐末，难以想象的事情。但并不是说现在的人多不屑，而古人多才能，其间的关键在施政有没有找到根本所在。况且，今日取士择人，专以言论驰辩为标准，原已失去教育、选举的精神，再加上只求言辞华丽，讲究辞藻优美，所失更远。如果能够改变这种选拔人才的方式，亡羊补牢，人才又怎么会缺乏呢？

历代制

《周官》记载大司徒的职务是督导人民，学习诗、书、礼、乐四科，四科修完之后，九年而有所成。大凡士子有一佳行能力，则由乡里公论推举，推荐给诸司徒，名为选士；再由司徒甄别选士中的优秀者，荐升进学校，名为俊士；此外还有造士、进士等名目。综合来说，最初是由乡大夫、乡老等推举贤能，由司徒教导而引入学校就读，再由司马审辨学士的才能，太宰、内史、司士分别负责废置、赞夺等考核，然后再任官，颁授爵位，定官禄，大致周代取士选才即是如此。

秦国自从孝公采纳商鞅的建议，专以富国强兵为目标后，进入仕途的方式只有开辟田畴、勠力农业以及临阵奋勇、争先杀敌两种而已。但也因为如此，以至于秦始皇能够平定四海，统一天下。

汉兴，高祖初年，军务未定，尚未考虑到选举的问题。到十一年（公元前196年）才下诏天下推举深明法令的人才，并且命令诸侯王可以自行设官任吏，除了丞相由中央政府任命之外，其余诸官吏诸侯王可以全权处理。惠帝四年（公元前191年）也曾下诏举孝悌、力田的人，免其赋役。在武帝建元初年，曾下诏天下推举贤良方正、直言极谏的人，同时又采纳董仲舒的建议，下令郡国举孝廉各一人，孝是善于侍奉父母，廉是清洁廉明。又命郡国人口在二十万以上，每年推举一人，人口四十万以上推举两人，六十万三人，八十万四人，百万五人，一百二十万六人，至于人口不满二十万的郡国，两年才能推举一人，不满十万则三年推举一人。这些举人只限定在四种科目，第一是德行高洁，志节清白；第二是学道行修，经中博士；第三是明习法令，足以决疑；第四是刚毅多智，明足决断。

等到公孙弘以老百姓的身份被武帝重用，任为丞相以后，天下读书人都很向往，以公孙弘为学习的榜样，于是太常孔臧等人建议为太常博士设置弟子五十人，免除他们的赋役；选择十八岁以上，仪表端正的学生，补为博士弟子；如果郡、国、县、道、邑有喜好读书、尊敬长上、能严肃政教的年轻人，郡太守等二千石以上的官员也可以推荐他们到太常寺读书，待遇比照博士弟子，每年考试一次，能通晓一本经书以上的学生，可以补文学掌故的官位，考试成绩优异的可以担任郎中，从此大开升官入仕的门径，既杂且多，而官职也分配光了。

汉元帝永光元年（公元前43年）二月，诏令丞相、御史推举贤朴敦厚、逊让有行的人，由光禄寺每年加以考试，任为郎及从官；又下诏选举茂才。当时谏议大夫张勃推举太官献丞陈汤，结果陈汤犯罪，张勃也因为所举非人而被削去封户二百户，张勃死后，赐给他谥号是缪侯，缪的意思是妄乱，就是因为他推举不得其人，知人不明，所以才得到不好的谥号。由此可知汉朝政府劝励人才、奖掖人才的努力。所以官吏能够由人才中选拔出来，也一定能够安于其位。三代以来，可说是以这时候得人才最盛。

汉成帝建始四年（公元前29年）才设置常侍曹尚书一人，负责公卿的推举选拔，还有二千石曹尚书一人，掌管二千石官员的选举，这是负责选举的专务机构的起源。大抵汉朝历代皇帝遇到日食、地震、山崩、川竭等天地自然的灾变时，都下诏天下郡国，推举贤良方正、直言极谏的人才。这种情况后来也不限于特定时间，而成为一种常制。同时如果有重要职位出缺，也都标明政府所需求的目标，下令各地推举。

东汉光武帝建武十二年（公元36年）下诏，命令三公推举茂才各一人，廉吏各一人；左、右将军每年察举廉吏各二人；光禄卿每年推举郎、茂才、四行各一人，察举廉吏三人；中二千石的官员每年察举廉吏各一人；廷尉、大司农，将兵将军每年察举廉吏各二人；监御史、司隶校尉、各州州牧每年推举茂才各一人。同时改西汉选举机构的常侍曹尚书为吏曹尚书，又称为选部，由尚书令总其责，依照进用年代的先后次序而命官任职。

但是随着时光流转，弊端也渐渐产生，因而章帝在建初元年（公元76年）下诏恢复汉代以四科举人的方式。和帝时采纳丁鸿、刘方的建议，郡国人口二十万每年举孝廉一人，四十万举二人，六十万三人，八十万四人，百万五人，一百二十万六人，不满二十万的郡国两年举一人，不满十万的三年举一人；又规定边疆的郡人口十万以上每年举孝廉一人，不满十万的两年举一人，五万以下三年举一人。

汉桓帝建和初年下诏：所有所有学生年龄在十六岁以上，比照郡国考明经的标准，每次考试录取高第十五人，上第十六人，担任中郎的职位，中等十七人任太子舍人，下第十七人为王家郎。大抵通经考试及格就可以任官。

东汉末年的时候，各经博士督考时，为了争取名次的高低，彼此之间发生许多争端讼案，甚至贿赂公行，偷改政府官藏兰台的标准本经书。于是灵帝下令集合诸儒，校定五经，刻石刊布五经经文，由蔡邕等人分别以古文、篆书、隶书三种书法刻写，树立在太学门前，称之为石经，才平息了关于经文的争议。

到了三国时百姓因为战乱而流离失所，士族大家也扶老携幼，举族躲避兵燹，稍未被战火所波及的地方，总是挤满了难民，根本谈不上户籍登录，人民彼此之间也陌不相识，政府想要详细地考核、分辨人才的高低优劣都没有办法。于是在延康元年（公元221年）吏部尚书陈群设立"九品官人法"。他的方法是每一州郡都设立中正，由中正来主持人才的选拔，挑选州郡中有识鉴的人，分别他们的能力，以九品来评定等级。同时规定郡人口在十万以上，每年推举一人。

晋朝依照曹魏制度，依照九品来定选举人才的评第。在内则由吏部尚书、司徒长史，在外则由州大中正、郡国小中正负责主持；如果选人被吏部所用，必须下牒中正调查该员的原住地以及父、祖的官历。有晋一朝，上书反对九品官人法的人很多，他们批评的着眼点总是希望恢复古代"乡举里选"的精神，但终归不行。

东晋元帝时制定扬州每年贡二人，其余各州一人，但是这些挑选出来的孝廉、秀才并未加甄试就任官派用，等到江南底定，东晋政权基础稳固之后，才加以考试经义，同时规定如果选人考试不及格，则连坐推举的地方太守。从此以后，再没有人敢应举，即使是地方官勉强送举人到京师，也都托病而不赴试。因此，太兴三年（公元320年），尚书孔坦建议秀才可以学习五年，孝廉七年，才算平定了这股逆流。

南朝时，宋的制度是丹阳、吴会、会稽与吴兴四郡，每年推举二人，其余各郡一人。凡州的秀才、郡的孝廉到京都必须加以考试，有时候天子也经常亲临主持考试，试毕统归吏部量才铨叙任用。梁则规定年龄满二十五岁才得入仕，陈规定为三十岁，同时仍实施中正选举的制度。

北魏州郡仍设置中正，职掌选举，吏部则负责铨叙任官。北齐的选举制度多沿袭北魏，凡是州县都设置中正。至于课试方法，由中书考秀才，集书考贡士，功郎中考廉良。后周则以吏部大夫一人职掌选举，吏部下大夫一人为副手。又曾由苏绰制定六条诏书，其中第四条是"擢贤良"，苏绰的本章就是希望能矫正魏、齐制度的不足，而尽罢选人以门资家世为标准的选举方式，所以当时察举可说是十分精细慎重。等到武帝平齐，统一北方，又下诏山东各州选举明经干理的人才，上县六人，中县五人，下县四人；到宣帝大成元年（公元579年）诏州推举高人博学的人为秀才，郡推举经明行修的人为孝廉，上州、上郡每年推举一人。地方刺史的僚佐、州吏由地方官自行辟署，府官则归朝廷所任命。

隋文帝开皇七年（公元587年）下制：各州每年贡三人，工商不能入仕；开皇十八年（公元598年）又下诏京官五品以上，以及各地总管、刺史根据志行修谨、清平干济二种科目来选举人才。当时牛弘担任吏部尚书，高构担任吏部侍郎，他们二人主持选举首重德行，其次才观察文才，因而二人最能够担当选人的重任，也为时誉所称赞。当时的制度，由尚书主持大体，侍郎则综理细节，六品以下官员的任命黜降升迁，全归吏部掌理。从此以后，海内各地州郡长官，再也没有自行任命掾属的权力了。

唐代推举人才的制度，多沿袭隋制，上郡每年三人，中郡二人，下郡一人；至于常贡的科目有秀才、明经、进士、明法、书、算等。从京师到郡县都普设学校，推广教育，培养人才。

杜佑选举门总评

人生活在世间，总有各种的欲望，也常常会受到诱惑或吸引，如果没有国君来治理，一定会天下大乱，人人各行其是。然而国君也不是自己一个人就能治理天下，一定得建立许多的官职来辅佐，分担事务，分层负责。

过去唐尧虞舜时代，舜推举了八元、八凯，四岳推举夔龙、稷、契等贤能的人，来共同处理政事，这是远古得才用人的大概经过。等到夏商周三代，从地方学校中选拔人才，然后任官授职，制度逐渐完备。秦汉时代虽然并不处处模仿古制，但地方学校、乡里所推荐的人，一举一动仍然一本古代重视道德行为。同时郡国的下级官员，也可以凭借他们的才能，通过甄试而入朝为官，中央政府所属的低级官员也可以因本身才干杰出而被征调。人才的来源、考选的方式并不是一成不变的。等到东汉时，最先设立选举人才的机构，考选大体沿袭过去的成规，而且左雄还建议限年来推举人才，当时的人都不敢随便推荐，所举的人必然是稍具能力或真正优秀的人才，因而两汉时期被称为得人才最多的时代。

魏晋时期设立九品，州郡置中正官，主要选拔人才的方法是根据他们的父祖家世官历，不太甄别才能及道德行为，选举机构的职任也越发崇高重要。各州郡的刺史、太守，以及中央官员的卿、尹、大夫等，都是吏部所任命，但是辟任以及乡里地方的推荐人才，仍然一如过去。永嘉之乱以后，天下动荡不安，分崩离析的局面达三百余年，这段混乱时代中开国称王的共有九姓，而选举人才仍然不变魏晋时期的方法，大都乱多理少，并没有什么特殊情事值得称道。

自从曹魏二代国君都喜欢文学以后，此后晋、宋、齐、梁、文风越盛，但细究文体并不典雅，而且遣词用字专尚华丽，这种风气到隋时趋于极盛。况且三代以来，体制规章可以称颂的，莫过于汉朝，而能继承汉代的兴盛，只有我大唐帝国而已。所可惜的是当帝国创建时，承袭了隋文风偏弊的毛病，当国诸公不去思考如何以质救弊，反而因袭过去崇尚文辞的风气，专务文学风流而不求敦俗质朴之道，实在非常可惜。

回望过去的一段历史，讨论选举的人，可以说每代都有。有人说："因为官员等级人数太多了，应该要缩减吏员。"也有说："等级太多，目的就是防止官吏升迁太快。"还有人说："郡守、宰相等职务，他们负责选举人才的责任并不轻。"更有人说："以言论、文辞为标准来选拔人才，不如以行为道德为准。"众说纷纭，莫衷一是。这些言论批评大抵仅是了解选举制度的弊端，而不能真正深入探讨弊端造成的由来。

这话怎么说呢？根据秦朝制度，只有立下战功的人才能得官；汉朝选拔人才有孝悌、力田、贤良、方正等科目，这是不定期的下令征辟人才，而每年郡国人口二十万才能推举一人。大约当时所推荐的人数，全天下只有百人上下，如此一来则必能严加甄别，精细谨慎地选择人才，所以能够获得真正具有才识能力的人才。

但是，从汉朝以后，选举的方式既多且烦，有许多不同的门径。我大唐玄宗开元、天宝年间，每一年各地贡举的人数多达数千人，而且其中有门资、武功、艺术、胥吏等，名称类别繁杂，可说是百户千途。这些进入政府任官的人，人数也难以估计，如果与汉代相比较，至少增加了数十百倍之多。这样一来，政府又怎能不多设置吏职、多设置等级、不时制定选举年限等规定来抑止呢？

求取富贵，羡慕荣华，这是人之常情，但是要升高必须由下，要到达必须从近的地方，这是一步一步的历程，而非一蹴可及的事情。过去秦帝国设四十郡，两汉时代有一百多郡，郡太守可以入朝为三公九卿，中央政府的郎官可以出任为地方县令，主要是因时制宜，便宜从事，赋予重责大任，观察他们的成效，而奖励也很优厚。现在的地方则划分为三百多个郡县，等级分为八九种，而郡守县令并不能全权处理一地的事务，有各种使职牵制，一举一动都必须向中央报告，可说是势下任轻啊！

北魏崔亮担任吏部尚书时曾颁行所谓"停年格"，不管官吏的贤愚能力高低，以年资为升迁标准，当时沉滞无法升官的人都很称赞崔亮的办法。实际上北魏一朝失去人才，就是从崔亮这项措施开始的。等到隋文帝时代，他本来就不是喜好学术的人，乘时盗得天下，总不希望皇帝的权力被群臣属下所分，所以停止州郡的辟署属吏，废除乡里地方的推荐人才。内外官吏的任用选拔，统统归于吏部管辖，而士人能够上朝任官，都是由于宰相的意思，宰相又侵夺了吏部的职权，而吏部只好总归掌握州郡的职权了。哪里谈得上是"体国推诚，代天理物"的本意呢？

选拔人才，授予官职，既然权归吏部，吏部又以片刻的周旋相对，就评定一个人的才行优劣，要冀求吏部求才不失，不是一件很荒谬的事情吗?

后来负责选拔人才的机构，他们甄别贤能的标准，首先是文章华丽，而辩论考察行事的方法又以书判（书法和文理）来决定，造成风气之后，更是漫无标准。所以当时人讽刺说阅读经书就好像倒拔，遣词用字好像猜谜一样，而且有限定年资，推举人数的限制，糊名密封等情形发生。假如说要从根本改革，不澄清本源是没有用的，那么由吏部来总括选拔人才的权力，正是一切弊端的发端之地；用文辞为标准来甄别录取，正是审察人才优劣最拙劣的一种方式；何况用书判来分辨能力，更是比以文辞为标准还不如。

大凡一个国家的根本，在于人民大众，而人民的贫富利害，又取决于政府施政的良窳。如果希望各地治理得当，人民富足安乐，就应让地方官有较长的任期；要让任期长，就必须减少官吏的等级；想减少官吏等级，就必须精细地选举人才；要精审选举，就要减少选举的名目。总是要达到士人少，而从事农、工、商的人多，这样才能够删省官吏数目，才能够治理黎庶众民。

总之，应当谨慎地来考虑理乱的本源，详鉴古人治乱兴衰的借镜，公平为上，才能够矫正过去的错误所在。或许允许各地推荐人才，或许准许地方官在各地自行寻觅人才，任命为属官，而根据他们推选的正确与否，来论断功过，加以诛赏，并以他们的成果作为考绩，据考绩来升迁或黜降，效果应是既速而佳。若想求善政理民，就当慎重地考虑啊!

三、职官

中国在伏羲氏、神农氏时代，传说与神话混杂在一起，职官的详情很难一一细究。相传尧、舜时期分别设立六官，掌理天、地、春、夏、秋与冬，夏朝继承舜制，同样也设置六卿。

殷商的官制，天子建立天官，首先是六个冠以"太"字的官名：太宰、太宗、太史、太祝、太士与太卜，掌司六典；另外有五官：司徒、司马、司空、司士与司寇，负责五类大臣；有六府：司土、司木、司水、司草、司器与司货，掌管这六种物品的税收；有六工：土工、金工、石工、木工、兽工与草工，掌理六种材料。五官的长官称之为伯。周制仍设立六官，献替不多。

自从周天子东迁，王室衰微不振，职官也多阙失紊乱，春秋、战国时代各国并争，纷纷更改官制，以顺应实际的需要。秦国兼并六国，统一天下，才建立皇帝的尊号，设太尉主管军事，丞相总理百官，御史大夫为丞相的副任。汉朝初年，多沿袭秦制，后来才有所变革。王莽篡汉，他一心想恢复古代的官制，却反而造成官吏与百姓的不安，同时为政治民也有许多暴虐的措施，导致动乱，新朝政权因而灭亡。

东汉光武帝中兴，一切施政以节俭省事为原则，纷纷将官名合并，或是省略某一些职位，大约可以节省费用亿钱之多。三国时魏、蜀、吴多依循汉制，司马氏建立晋朝，大致也没有什么变动，南朝同样如此。

隋文帝统一了南北朝的分裂局面，官制方面再恢复到汉、魏时的旧制。隋炀帝大业三年（公元607年）才颁布新令，规定职官是三台、五省、五监、十二卫与十六府。

唐初的职官多依隋旧，虽然小有变更，但大部分是相同的。到太宗贞观六年（公元632年），大举裁汰职官，定制中央政府文武百官才六百四十二人而已。高宗时有几次改变机构与官职名称，而且自从武则天专政，大开官门，如员外、检校、试、摄、判、知等官名一概都出现了。从玄宗即位以后，准备改革，到开元二十五年（公元737年）刊定官职次序，定为格令，以尚书省掌执行，门下省掌纠劾，中书省掌起草诏令，秘书省掌图书，殿中省掌膳服，内侍省掌承旨，御史台掌监察百官，九寺、五监分别各有职务，六军、十六卫掌理防卫军事，另外东宫也有官职机构辅佐太子。制度的完善，可说是诸代之冠。

历代官制要略

（一）官数

唐尧有六十员；夏朝一百二十员；殷商二百四十员；周朝六万三千六百七十五员；汉朝从丞相到佐史共有十三万二百八十五员；东汉七千五百六十七员；晋六千八百三十六员；宋六千一百七十二员；齐二千一百零三员；北魏七千七百六十四员；北齐二千三百二十二员；后周二千九百八十九员；隋一万二千五百七十六员；唐有一万八千八百零五员。

（二）官品

　　周朝官位分为九命；西汉从中二千石到六百石共分为十六种等级；东汉从中二千石到斗食分为十三级；魏制本来多沿袭汉制，后来分为九等，晋、宋、齐也是同于魏九品的划分；梁更分别设置十八班，以班愈多愈尊贵；陈则袭梁制；北魏置九品，每一品分正品与从品，共十八品，自第四品以下，每品又分为上、下二阶，总共是三十阶；北齐同于北魏官制；后周则制定九命，每命又分为二，以正命为上，共十八命。

　　隋置九品，每品各有正、从，自正四品以下，每品又分为上、下二阶，共三十阶。正一品的第一官位是太师，余以次推，称之为流内官，这是流内官的起源。隋又设置视正二品到视九品，视品也有正、从品之分，称为视流内。唐朝的流内官与隋制相同，但另设视正五品与视从七品，以为萨宝与祆正的官品，名称也是叫视流内；另外还有勋官九品，称为流外官。

　　（三）设官沿革

　　职官的设置源远流长，而且官名也相当复杂，其间更迭、变动不少，因此以下只略举各个朝代中地位较为崇高的官职。

　　唐尧：羲和、羲仲、羲叔、和仲、和叔、州牧。

　　虞舜：太师、太保、纳言、后稷、秩宗、士、共工、虞。

　　夏：九卿。

　　商：太宰、太宗、太史、太祝、太士、太卜、司士、司土、司木、司水、司草、司器、司货、太子太师、太子太保、太子太傅、太子少傅、方伯。

　　周：太傅，少师，少保，冢宰，宗伯，内史，太仆正，大将军，前、后、左、右将军。

　　秦：太尉、左右丞相、丞相、相国侍中、黄门侍郎、散骑常侍、尚书、尚书令仆射、尚书丞、御史大夫、奉常、郎中令、宗正、治粟内史、主爵中尉、廷尉、典客、典属国少府、将作少府、中尉、中书谒者令仆射、詹事、中庶子、庶子、太子家令、率更令、仆、率内史、郡守。

西汉：领尚书事、曹尚书、中书侍郎、御史中丞、光禄大夫、太皇太后卿长信少府、皇太后卿长信少府、皇后卿大长秋、中常侍、都水使者、骠骑、游击、卫、车骑、骁骑、伏波、骑、材官、轻车、楼船、横海、护军、度辽、贰师、蒲类、强弩、戈船、奋威、建威、积射等二十一将军、奉车、骑、驸马三都尉、司隶校尉、刺史、都护、京兆尹、左冯翊、右扶风、特进。

东汉：贼曹尚书、尚书、侍郎、秘书监、武卫、辅国、四征、四镇、四安、虎牙、征虏、捕虏、横野、鹰扬、讨逆、讨虏、破虏等将军、四中郎将、都督、河南尹、留守、班同三司、仪同三司、八座。

魏：五兵尚书、度支尚书、祠部曹尚书、殿中监、中卫、中领军、镇军、冠军、游骑、四平、镇北、虎威、抚军、凌江、宁朔等将军、行台。

晋：三公尚书、起部尚书、国子祭酒、中军、龙骧、宁远。

宋：殿中将军。

梁：太府卿、云麾、中武、壮武、明威、定远、宇宙等大将军、十二卿。

北魏：柱国、天柱两大将军、少卿。

后周：军器。

隋：左、右武侯府大将军，左、右监门府将军，大总管通守、折冲府、正议、通议、朝请、朝散等大夫，左、右骁卫府。

唐：太子宾客，左、右千牛卫，左、右屯营，左、右威卫，左、右龙武将军，平章事、知政事、参知机务、同中书门下三品、平章军国重事、节度使、采访使、宣威、怀化、归德等将军。

（四）封爵

唐、虞、夏朝时封爵分为公、侯、伯、子、男五等。殷商分为公、侯、伯三等。周代也分为公、侯、伯、子、男五等。秦代的爵位有二十等级。西汉则分为国王、国侯、亭侯三等，东汉相同。魏分为王、公、侯、伯、子、男、县侯、乡侯、亭侯共九等。晋也有王、公、侯、伯、子、男、开国郡公、县公、郡侯、县侯、县伯、县子、县男、乡侯、亭侯十五等。宋大都承袭晋制，只有大、小国都设置三军，齐、梁两朝因袭不改。陈则有郡王、嗣王、藩王、开国郡公、开国县公、侯、伯、子、男、沐食侯、乡侯、亭侯共十二等。北魏分设王、开国郡公、散公、侯、散侯、伯、散伯、子、散子、男、散男十一级。北齐有王、公、侯、伯、子、男六等。后周有公、侯、伯、子、男等。隋设国王、郡王、国公、郡公、县公、侯、伯、子、男共九等。唐为国王、郡王、国公、郡公、开国郡公、县公、开国侯、伯、子共九等。

（五）三公

周朝时以太师、太傅、太保为三公。西汉以丞相、太司马、御史大夫为三公。东汉又以太尉、司徒、司空为三公。魏、晋、宋、齐、梁、陈、北魏各朝都以太尉、司徒、司空为三公。后周以太师、太傅、太保为三公。隋以太尉、司徒、司空为三公。唐承隋制，并无更动。

（六）宰相

尧时有十六相。殷汤有左、右相。周成王有左、右相。秦悼武王才开始设置左、右丞相。秦始皇开始置相国。西汉置丞相，也曾设立相国或左、右丞相；成帝时改御史大夫为司空，与大司马、丞相合称为三公，三公都是宰相，即使是哀帝时改丞相为大司徒，一样也是宰相的职位。东汉以太尉、司徒、司空为宰相，献帝时又恢复设置丞相。魏改丞相为司徒，到魏文帝时增设中书监令，共掌机密大事，于是中书也成为宰相，文帝同时也设置了大丞相与相国。晋、宋、齐、梁、陈制度因袭，没有多大变异。

北魏、北齐也设置丞相，都是宰相的不同称号，特别重视门下省的职官，大都以门下省长官侍中来辅政，所以侍中也是宰相。后周曾仿古代周制，设立大冢宰，也是宰相的称号，稍后设置左、右丞相。隋有内史、纳言才是真正的宰相。唐制则侍中、中书令为真宰相，一度也将侍中、中书令改为左、右相，但是其他职官只要冠上同中书门下三品、同中书门下平章事、知政事、知机务，参与政事以及平章军国重事的头衔，也同样是宰相。

（七）秩禄

汉制百官俸禄从中二千石到百石，分为十二等。中二千石月俸一百八十斛，二千石月俸一百二十斛，比二千石百斛，千石八十斛，六百石七十斛，比六百石六十斛，四百石五十斛，比四百石四十五斛，三百石四十斛，比三百石三十七斛，二百石三十斛，比二百石二十七斛，百石十六斛。东汉时代大将军、三公月俸各三百五十斛，一半以钱发放，一半以稻谷代替；延平年间定制中二千石月俸钱九千、米七十二斛，真二千石钱六千五百、米三十六斛，比二千石钱五千、米三十四斛，千石钱四千、米三十斛，六百石钱三千五百、米二十一斛，四百石钱二千五百、米十五斛，三百石钱二千、米十二斛，二百石钱一千、米九斛，百石钱八百、米四斛八斗，但每碰到腊月，立春或轮值时另外还有特别的颁赐。

梁制一品秩万石，二品、三品官为中二千石，四品、五品为二千石。北魏则给官田代替俸禄，刺史给十五顷、太守十顷，治中、别驾各八顷，县令、郡丞六顷。北齐官秩是一品官每年八百匹，从一品七百匹，二品六百匹，从二品五百匹，三品四百匹，从三品三百匹，四品二百四十匹，从四品二百匹，五品一百六十匹，从五品一百二十匹，六品一百匹，从六品八十匹，七品六十匹，从七品四十匹，八品三十六匹，从八品三十二匹，九品二十八匹，从九品二十四匹；同时有职事的官员另给公田，依照官位高低有所分别。

隋中央政府的京官，正一品禄九百石，以下以百石为差别，到正四品是三百石，从四品二百五十石，以下以五十石为差别，到正六品是一百石，从六品九十石，以下以十石为差别，正、从八品是五十石，俸禄发放分春、秋二季。至于刺史、县令则依照他们管辖内户口多寡，分为九等给薪。不管京官或外官另外又给职分田与公廨田若干，以维持公务开销之用。

唐制规定俸禄是官正一品米七百石、钱六千八百，从一品米六百石，正二品米五百石、钱六千，从二品米四百六十石，正三品米四百石、钱五千一百，从三品米三百六十石，正四品米三百石、钱四千二百，从四品米二百六十石，正五品米二百石、钱三千六百，从五品米一百六十石，正六品米一百石、钱二千四百，从六品米九十石，正七品米八十石、钱二千一百，从七品米七十石，正八品米六十七石、钱一千六百，从八品米六十二石，正九品米五十七石、钱一千三百，从九品米五十二石，大抵正品与从品钱的数目一样，只是禄米的多寡有所区别；同时内外的文武百官自一品以下各以职务，配给职田，京官中的尚书省各司以及郡县另外又分别给公廨田，作为公务开销之用。

门下省

门下省在东汉时代名为侍中寺。《晋志》记载说：给事黄门侍郎和侍中同时管辖门下诸事，也称之为门下省。齐朝时也称侍中为门下，统领给事黄门侍郎、公交车、太学、太医等令、丞，以及内外殿中监、内外骅骝厩、散骑常侍、给事中、奉朝请、驸马都尉等官。梁朝的门下省有侍中与给事黄门侍郎四人，职掌侍从纠正等政事。至北魏时职权更为加重。北朝门下省职掌献纳谏正，有侍中、给事黄门侍郎六人，分别统领左、右局，另外还有尚食、尚药、尚衣、殿中共六局。

隋朝门下省有纳言二人、给事黄门侍郎四人，以及散骑常侍、谏议大夫等官，职掌是陪侍皇帝上朝，兼统领六局。文帝开皇三年（公元583年）罢废门下省的员外散骑常侍员额；炀帝即位以后，增加了给事中，废除常侍与谏议这些职官，又将殿内省转归门下省管辖。

唐高宗龙朔二年（公元662年）改门下省为东台，到咸亨初年又恢复为门下省；武则天临朝称帝，光宅初年将名称改为鸾台，但中宗神龙初年又恢复称为门下省。开元元年（公元713年）的时候改为黄门省，五年（公元717年）又复旧名。大致说来唐制门下省设有侍中二人、黄门侍郎二人、给事中四人、左散骑常侍二人、谏议大夫四人、典仪二人、起居郎、左补阙、左拾遗各二人、城门郎四人、符宝郎四人、弘文馆校书二人，其余还有一些小吏，不在此限。

中书省

中书的官名，由来很早，但称为中书省，却是从魏晋时代才开始的。梁、陈朝时凡是国家的政事都由中书省来决定，省设置中书舍人五人，领主书十人，书吏二百人，分别掌理二十一局的事务，权势相当高张。隋朝初年改名为内史省，设令二人、侍郎四人、舍人八人、通事舍人十六人；炀帝时又增设起居舍人。

唐高祖武德三年（公元620年）恢复中书省的旧名，高宗龙朔二年（公元662年）改名为西台，咸亨初年又复名，武则天光宅元年（公元684年）改为凤阁，中宗神龙初年复旧，玄宗开元元年（公元713年）改为紫微省，五年（公元717年）再回到中书省的名称。中书省设置有令二人，侍郎二人，舍人六人，右散骑常侍，起居舍人、右补阙、右拾遗各二人，通事舍人十六人。

唐朝中书省另外还附设有集贤殿书院。书院设于玄宗开元十二年（公元724年），由五品以上的官员兼为集贤殿书院学士，通常由宰相充任学士时，即总管院事；下有侍讲学士、修撰官、校理官与司直学士，通由六品以下的官员兼任。此外，还有史馆。原来隋旧制史官隶属于秘书省著作局，至唐太宗贞观三年（公元629年）闰十二月时，才将史馆移置在门下省以北的地方，由宰相领衔挂名监修，从此以后，著作局才解除了负责修史的工作。等到大明宫修建完成，再迁移到门下省之南。当修撰国史的时候，以其他官员兼领，如果官品卑微而有史才，就称为直史馆。一直到玄宗开元二十五年（公元737年），宰相李林甫监修国史时，他认为中书省地点接近枢密之处，史官记载也应该在中枢附近，乃听从谏议大夫尹愔的建议，将史馆搬移到中书省之北，原来尚药局所在的内药院。

尚书省

秦朝时少府派遣吏四人，在殿中主管文书发文，称之为尚书，所谓尚的意思就是主管。汉承秦制，武帝在后庭宫掖游乐，用宦官负责中书，司马迁一度担任这项职务，中间也曾一度废除。成帝建始四年（公元前29年）正式罢废中书宦者，设置尚书五人，其中一人担任仆射，余四人分为四曹，掌管图书、章奏以及将皇帝诏示宣告内外。初期职务与权力还很轻微，等到东汉时代，权势就完全不同了，负责出纳王命，奏报政事，形成政令的发号施令机构，选择人才、赏罚百官也都归尚书所掌握，这也就是李固所说"陛下之有尚书，犹天之有北斗，斗为天喉舌，尚书为陛下喉舌"的重要性。

汉朝初年尚书虽有四曹之名，但实际上并没有正式的称号。汉灵帝以侍中梁鹄为选部尚书，才是尚书名号的开端，总称之为尚书台，也叫作中台，隶属于少府管辖。

三国时魏设置中书省，有中书监与中书令，掌理机要的重任，相对的尚书的职权逐渐被侵夺而减轻。晋以后职掌并没有什么大的变动。南朝宋名为尚书寺，位于建礼门内，也称为尚书省，或是内台。

自从魏晋以来，所重在中书省，以之充当帝王喉舌的重责大任，因而尚书逐渐受到疏远，演变到梁、陈朝时代，全国机要都集中在中书省，而献纳建议之权又归于门下省，尚书只有听命行事，照章办理的份儿了。

唐代制度尚书省总管所有政事的执行，而尚书省的名称和门下、中书二省一样时时更易，有时名为中台，有时称为文昌台，或是都台，但终究还是恢复称为尚书省的时间较长。

尚书省中央有都堂，左右分别是各司。都堂以东有吏部、户部与礼部三行，每行四司；都堂以西是兵部、刑部与工部三行，每行四司，共二十四司，分曹而总理全天下的政事。

至于尚书省的编制是左、右仆射各一人，总理省的一切事务；左丞一人，掌理管辖吏、户、礼三部十二司的事务；右丞一人，掌理管辖兵、刑、工三部十二司的事务；左、右司郎中各一人；左、右司员外郎各一人。吏、户、礼、兵、刑、工六部各设尚书一人；侍郎九人，乃吏、户、兵三部各二人，其余三部仅一人；郎中二十八人，同样是吏、户、兵三部各二人，其余各一人；员外郎二十九人，吏、户、兵、刑四部及司勋司各二人，其余各司与左、右司各为一人，共三十一人；都事六人。

以下再将尚书省六部编制详细说明如下：

吏部　尚书一人—侍郎二人—吏部郎中二人—员外郎二人

　　　　　　　　　司封郎中一人—员外郎一人

　　　　　　　　　司勋郎中一人—员外郎二人

　　　　　　　　　考功郎中一人—员外郎一人

户部　尚书一人—侍郎二人—户部郎中二人—员外郎二人

　　　　　　　　　度支郎中一人—员外郎一人

　　　　　　　　　金部郎中一人—员外郎一人

仓部郎中一人—员外郎一人

礼部 尚书一人—侍郎一人—礼部郎中一人—员外郎一人

祠部郎中一人—员外郎一人

膳部郎中一人—员外郎一人

主客郎中一人—员外郎一人

兵部 尚书一人—侍郎二人—兵部郎中二人—员外郎二人

职方郎中一人—员外郎一人

驾部郎中一人—员外郎一人

库部郎中一人—员外郎一人

刑部 尚书一人—侍郎一人—刑部郎中一人—员外郎二人

都官郎中一人—员外郎一人

比部郎中一人—员外郎一人

司门郎中一人—员外郎一人

工部 尚书一人—侍郎一人—工部郎中一人—员外郎一人

屯田郎中一人—员外郎一人

虞部郎中一人—员外郎一人

水部郎中一人—员外郎一人

御史台

御史的官名，在《周礼》这部书里已经出现过，但是它的职掌是负责书记、颁布法令，并不是和唐代的职务一样。战国时代也有御史，秦、赵渑池之会时，两国都曾命令御史记载会盟的经过，原来都是负责记事的职官。

至秦汉时代转变为负责掌管纠察百官的工作。御史所在的官署，西汉称为御史府，也叫作御史大夫寺，或名为宪台。东汉以来大部分都名为御史台，有时候也称作兰台寺；梁以及北魏、北齐则叫作南台；唐则称为御史台，或宪台，肃政台。

御史台职官设置御史大夫一人、中丞二人、侍御史四人、殿中侍御史六人、监察御史十人、主簿一人。

九卿

夏、殷都有九卿的制度，周的九卿是少师、少傅、少保、冢宰、司徒、宗伯、司马、司寇与司空。西汉则以太常、光禄勋、卫尉、太仆、廷尉、大鸿胪、宗正、大司农与少府，合称为九寺大卿。东汉时将九卿分属于三司，晋至梁初多沿袭旧制，无甚变动。

梁武帝天监七年（公元508年），以太常卿与增设的宗正卿，以及由大司农更改的司农卿三卿为春卿；以增设的太府卿、太仆卿，以及由少府更名的少府卿三卿为夏卿；以卫尉为卫尉卿，廷尉为廷尉卿，将作大匠为大匠卿三卿为秋卿，以光禄勋为光禄卿，大鸿胪为鸿胪卿，都水使者为大舟卿三卿为冬卿，总计有十二卿，都设置丞以及功曹、主簿。

北魏又以太常、光禄勋、卫尉称为三卿，太仆、廷尉、大鸿胪、宗正、大司农、少府等称为六卿，也分别设有少卿。北齐则以太常、光禄、卫尉、宗正、太仆、大理、鸿胪、司农与太府合为九寺，每寺设卿、少卿、丞各一人，各有功曹、五官、主簿与录事等员额。

隋、唐九寺都与北齐相同，只是每寺设卿一人，少卿二人，以及丞以下官员数额有所不同而已。

唐九寺主管官署员额则如下：

太常寺—卿一人—少卿二人—丞一人—主簿二人—博士四人

　　　　—太祝三人—奉礼节二人—协律郎二人—

　　　　斋郎五百五十二人

　　　　两京郊社署—令一人—丞一人

　　　　太乐署—令一人—丞一人

　　　　鼓吹署—令一人—丞一人

　　　　太医署—令二人—针灸博士

　　　　　　　　　—按摩博士

　　　　　　　　　—咒禁博士

　　　　太卜署—令一人—丞一人

　　　　廪牺署—令一人—丞一人

　　　　汾祠署—令一人—丞一人

　　　　太公庙署—令一人—丞一人

光禄寺—卿一人—少卿二人—主簿二人

　　　　太官署—令一人—丞一人

　　　　珍羞署—令一人—丞一人

　　　　良酝署—令一人—丞一人

　　　　掌醢署—令一人—丞一人

卫尉寺—卿一人—少卿二人—丞二人—主簿二人

　　　　武库署—令一人—丞一人

　　　　武器署—令一人—丞一人

　　　　守宫署—令一人

宗正寺—卿一人—少卿二人—丞二人—主簿一人

崇玄署—令一人—每寺观监一人

诸陵署—每陵令一人—丞一人

太庙署—令

太仆寺—卿一人—少卿二人—丞三人—主簿二人

乘黄署—令一人—丞一人

典厩署—令二人—丞四人

典牧署—令四人—丞四人

车府署—令一人—丞一人

诸牧署—监—副监—丞—主簿

大理寺—卿一人—少卿二人—正二人—丞六人—主簿二人—司直六人—评事十二人

鸿胪寺—卿一人—少卿二人—丞二人—主簿一人

典客署—令一人—丞一人

司仪署—令一人—丞一人

司农寺—卿一人—少卿二人—丞六人—主簿

上林署—令二人—丞四人

太仓署—令三人—丞二人

钩盾署—令二人—丞四人

导官署—令二人—丞四人

苑总署—监—副监—丞—主簿

诸仓监

司竹监—副监—丞

温泉汤监—令

太府寺—卿一人—少卿二人—丞四人—主簿三人

诸市署—每市令一人—丞二人

平准署—令二人—丞四人

左藏署—令三人

右藏署—令二人

常平署—令一人

秘书省

《周礼》记载太史掌管建邦的六典，还有外史主管四方的志书以及三皇五帝的图籍。西汉图籍收藏的所在地有几个地方，分别是石渠、石室、延阁、广内等在外，麒麟、天禄二阁在内禁宫中，另有御史中丞负责兰台秘书。东汉图书统收藏于东观，至桓帝延熹二年（公元159年）才设置秘书监一人，掌管图书收藏、古今文字的异同等，隶属于太常管辖，但后来又省废。

三国魏国时，曹操设置秘书令，职掌尚书的奏事，实际上就是中书令的工作；魏文帝黄初初年时正式设置中书令，负责尚书奏事，而将秘书令为秘书监，掌管艺文图籍的事情。原本文帝设制时，秘书监归少府辖领，后来独立出来，但兰台仍旧收藏有图书，另归御史职掌。因此魏的时候称兰台为外台，秘书为内阁。

晋武帝把秘书并入中书省，而秘书的著作局仍旧存在。至惠帝永平年间又别置秘书监，统辖著作局，掌管三阁图书。从此以后宋、齐、梁、陈都名为秘书省，北魏时代也一样，只是隋朝秘书省领有著作与太史二曹。

唐代前期秘书省名称时有变动，有时称作兰台、麟台，但定制后称秘书省。统辖职官有秘书监一人、秘书少监二人、丞三人、秘书郎八人、秘书正字四人，著作局著作郎二人、佐郎四人、太史局太史令二人、太史丞二人。

殿中省

殿中监—少监二人—丞二人

尚食局—奉御二人—直长五人

尚药局—奉御二人—直长四人

尚衣局—奉御二人—直长六人

尚舍局—奉御二人—直长六人

尚乘局—奉御四人—直长十人

尚辇局—奉御二人—直长四人

内侍省

内侍四人—内常侍六人—内给事八人—内谒者监六人—内侍

伯二人—寺人六人

掖庭局—令二人

宫闱局—令二人

奚官局—令二人

内仆局—令二人

内府局—令二人

少府监

少府监一人—少监二人—丞四人—主簿二人

中尚署—令一人—丞一人

左尚署—令一人—丞一人

右尚署—令一人—丞一人

织染署—令—丞

掌冶署—令一人—丞一人

将作监

将作大监一人—少监一人—丞四人—主簿二人

左校署—令二人—丞二人

右校署—令二人—丞二人

甄官署—令一人—丞一人

中校署—令一人—丞一人

国子监

国子祭酒一人—司业二人—丞一人—主簿一人—博士二人—
助教三人

太学—博士二人—助教二人

广文馆—博士一人—助教一人

四门学—博士三人—助教五人—直讲四人

律学—博士八人—助教一人

书学—博士三人—典学二人

算学—博士二人—典学二人

军器监

军器监一人—丞一人—主簿一人
甲坊署—令令—丞
弩坊署—令令—丞

都水监

都水使者二人—丞二人—主簿
舟楫署—令一人—丞一人
河渠署—令一人—丞一人

武官

　　三代的制度，天子拥有六军，各军的将军由卿来担任，所以《夏书》说："大战于甘，乃召六卿。"这是远古时代天子将军政等事务都交付给六卿来处理，平常从事耕作农稼，有紧急情况发生时则率军队出战的记录。在政治方面的编组是比长—闾胥—族师—党正—州长—乡大夫；在军队方面的编组是卒—伍—司马—将军。诸侯的军制为大国三军，次国二军，小国一军，它们的将军也是由卿来担任。春秋时期，晋献公建立二军，他自己率领上军，这是"将军"名号的起源；魏献子、卫文子同时也都有将军之号。从战国设置大将军，东周末年又设立前、后、左、右将军，演变到秦朝的时候，将军的名号出现得更多了。

　　汉兴以后，设置了大将军、骠骑将军，官位只比丞相稍低一些；车骑将军、卫将军、左、右、前、后将军，都是金印紫绶，官位次于上卿，职掌京师与边防守卫事宜。武帝时期因为要征伐闽越、东瓯，又设置了伏波将军与楼船将军；进讨朝鲜、大宛时，则设置了横海、度辽与贰师将军等。宣帝时又增设了蒲类、破羌将军。这些不同称谓的将军，原本是为一时权宜而设立的，并不是经制中的将军，因此名号颇多，也不是正式的规制。

东汉光武帝中兴，所有的将军都称为大将军，等到天下安定以后，省废武官。至于四征（征东、征西、征南、征北）将军起于汉代，四安（安东、安西、安南、安北）将军起于魏初，另外还有四镇、四平将军。

晋武帝重视领兵官，因此军校多选用朝廷清重大员充任，设置中军将军统率宿卫京师的七军。宋以来，以领军、护军、左卫、右卫、骁骑与游击将军合称为六军。至于四安、四平、前、后、左、右与征虏将军以及四中郎将只是用来颁给王室的头衔，寒门是不能担任的。

梁武帝时，认为将军名号高低不均，庞杂滥多，命令重新加以厘定。于是重新设置了一百二十五种名号的将军，以镇、卫、骠骑、车骑将军为二十四班，四征、四中为二十三班，八镇为二十二班，八安为二十一班，四平、四翊为二十班，将军地位高低以班为准，班愈多愈尊贵。

北魏末年的时候有八柱国大将军，其中六个人各督导二个大将军，共有十二个大将军，每一大将军分别统率二个开府，每一开府领一军，总共二十四军。

唐高祖武德初年，秦王李世民平定王世充与窦建德，高祖由于秦王功劳太大了，便特别设置天策上将军来安置他，直到秦王被立为太子以后，才罢废天策上将军。

唐代定制有左卫、右卫、左骁、右骁、左武、右武、左威、右威、左领军、右领军、左金吾、右金吾、左监门、右监门、左千牛、右千牛十六卫大将军各一人，将军共有三十人；左羽林、右羽林、左龙武、右龙武、左神武、右神武六军，各设大将军一人，将军各三人，都有卫、署等机构。其余还有骠骑、辅国、镇军、冠军四大将军，云麾、勇武、壮威、宣威、明威、定远、宁远、游骑、游击九将军，这部分都是五品以上的武散官，并不是统率军队的武职官。

东宫官

过去圣王贤君教导太子的内容必定包括礼乐。乐是用来润饰太子内心的和谐，礼是用来整饬外表的应对等。礼乐交错于心，发形于外，所以才能够达到喜悦而温文恭敬的境界。又要设立太傅、少傅来教养太子，希望能了解父子君臣之道。每次就学时，太傅就选择父子君臣之道的事迹教谕，少傅则奉侍太子从观察太傅之德行而谕示太子，太傅在前，少傅在后，入则有保，出则有师，共同教导太子。所谓的师，是教太子行事而晓谕德行，保是谨慎其身以辅弼世子能归于正道。

秦汉以后，才增设詹事、中庶子以及诸府寺等官，有时候也用别的官员来监督护翼太子。但自魏明帝以后，东宫制度旷废多时，官职机构都未曾设置。晋朝初年，并未设置詹事、左右率、中舍人诸官，只设立卫率令、典兵、二傅，并统摄所有东宫事务，此后迄隋屡有变动。

大唐定制，设置事府，统率东宫所有事务，下置左、右二春坊，以统领诸局。左春坊有左庶子二人、中允二人、司议郎四人、录事二人、左谕德一人、左赞善大夫五人、崇文馆校书郎八人，也统领司经局、宫门局、内直局、典膳局、药藏局、典设局六局；右春坊有右庶子二人、中舍人二人、舍人四人、录事二人、右谕德一人、右赞善大夫五人、通事舍人八人，并兼领内坊。

唐官品

大唐官品系依玄宗开元二十五年（公元737年）定制为准，录流内官官品于下：

正一品

太师　太傅　太保　司徒　司空　王爵

从一品

开府仪同三司　太子太师　太子太傅　太子太保　骠骑大将军　嗣王　郡王爵国公爵

正二品

特进　辅国大将军　开国郡公爵　上柱国勋

从二品

尚书左右仆射　太子少师　太子少傅　太子少保　京兆河南太原府牧　大都督大都护　光禄大夫　镇东大将军　开国县公爵柱国勋

正三品

侍中　中书令　吏部尚书　左右卫　左右骁骑　左右武卫左右威卫　左右领军卫　左右金吾卫　左右监门卫　左右羽林

军左右千林卫等大将军　户部礼部兵部刑部工部尚书　太子宾客
　太常卿　太子詹事　中都督　上都护　金紫光禄大夫　冠军大
将军怀化大将军　上护军勋

从三品

御史大夫　秘书监　光禄　卫尉　宗正　太仆　大理　鸿胪
司农　太府卿　左右散骑常侍　国子祭酒　殿中监　少府监
将作大匠　诸卫羽林千牛将军　下都督　上州刺史　大都督府长
史　大都护府副都护　亲王傅　银青光禄大夫　开国侯爵　云麾
将军　归德将军　护军勋

正四品上阶

黄门侍郎　中书侍郎　尚书左丞　尚书吏部侍郎　太常少卿
　太子左庶子　太子詹事　太子左右卫　左右司御　左右清道
左右监门率府率　中州刺史　军器监　上都护府副都护　上府折
冲都尉　正议大夫　开国伯爵　忠武将军　上轻车都尉勋

正四品下阶

尚书右丞　尚书诸司侍郎　太子右庶子　太子左右谕德　左
右千牛卫　左右监门卫中郎将　亲勋翊卫羽林中郎将　下州刺史
通议大夫　壮武将军

从四品上阶

秘书少监　八寺少卿　殿中少监　太子家令　太子亲勋翊卫中
郎将　太子左右卫司御清道内率　监门副率　太子率更令　太子仆
内侍　上都护府亲王府长史　太中大夫　宣威将军　轻车都尉勋

从四品下阶

国子司业　少府少监　将作少匠　京兆河南太原府少尹　上
州别驾　大都督大都护府亲王府司马　中府折冲都尉　中大夫

明威将军

正五品上阶

谏议大夫　御史中丞　国子博士　给事中　中书舍人　太子中允　太子左右赞善大夫　都水使者　万年长安河南洛阳太原晋阳奉先县令　亲勋翊卫羽林郎将　中都督上都护府长史　亲王府咨议参军　亲王府典军　中散大夫　开国子爵定远将军　上骑都尉勋

正五品下阶

太子中舍人　尚食尚药奉御　太子亲勋翊卫郎将　内常侍中都督上都护府司马　中州别驾　下府折冲都尉　朝议大夫　宁远将军

从五品上阶

尚书左右司诸司郎中　秘书丞　著作郎　太子洗马　殿中丞　尚衣尚舍尚乘尚辇奉御　献陵昭陵干陵恭陵定陵桥陵等令　亲王府副典军　下都督府上州长史　下州别驾　朝请大夫　开国男爵　游骑将军　骑都尉勋

从五品下阶

大理正　太常丞　太史丞　内给事　太子典内　上牧监　下都督府上州司马　驸马都尉　奉车都尉　亲王友　宫苑总监　上府果毅都尉　朝散大夫　游击将军

正六品上阶

太学博士　太子詹事丞　太子司议郎　太子舍人　中州长史亲勋翊卫校尉　太子典膳药藏郎　京兆河南太原府诸县令　镇军兵满二万人以上司马　朝议郎　昭武校尉　骁骑尉　亲王府掾属　武库中尚署令　诸卫左右司阶　中武果毅都尉

正六品下阶

千牛备身　备身左右　太子文学　下州长史　中州司马　内谒者监　中牧监　上牧副监　上镇军　承议郎　昭武副尉

从六品上阶

起居郎　起居舍人　尚书诸司员外郎　八寺丞　大理司直国子助教　城门郎　符宝郎　通事舍人　秘书郎　著作佐郎　侍御医　诸卫羽林长史　两京市令　下州司马　左右监门校尉亲勋翊卫旅师　亲王府文学　亲王府主簿　记室录事参军　诸州上县令　诸率府左右司阶　镇军不满二万人司马　奉议郎　旅威校尉　飞骑尉勋

从六品下阶

侍御史　少府将作　国子监丞　太公庙令　太子内直典设宫门郎　司农寺诸园苑监　王府校尉　下牧监　宫苑总监副监　牙市监　中牧副监　下府果毅都尉　通直郎　旅威副尉

正七品上阶

四门博士　詹事司马　左右千牛卫长史　尚食尚药直长　太子左右卫司御清道率府长史　军器监丞　太子千牛　诸州中县令　亲勋翊卫队正　京兆河南太原府司录参军　大都督大都护府录事参军　亲勋翊卫副队正　中镇将　亲王府诸曹参军　亲卫朝请郎　致果校尉　云骑尉勋

正七品下阶

尚衣尚舍尚乘尚辇直长　太子通事舍人　内侍伯　京兆河南太原府大都督大都护诸曹参军　中都督府上都护府录事参军诸仓诸冶司竹温汤监　诸卫左右中侯上府别将长史　上镇副　下镇将　下牧副监　宣德郎　致果副尉

从七品上阶

殿中侍御史　左右补阙　太常博士　太学助教　门下省录事　尚书都事　中书省主书　九寺主簿　太子詹事主簿　左右监门直长　太子左右内率监门率府长史　太子侍医　太子三寺丞　都水监丞　诸州中下县令　亲王府东西合祭酒　京县丞　下都督府上州录事参军　中都督上都护府诸曹参军　中府别将长史　中镇副　勋卫　太子亲卫　朝散郎　翊麾校尉　武骑尉勋从

从七品下阶

太史局丞　御史台　少府将作　国子主簿　掖庭宫闱局令　上署令　诸州下县令　太庙诸陵署丞　司农寺诸园苑副监　太子左右监门直长　宫苑总监丞　下都督府诸曹参军　太子内坊丞　亲王国令　公主家令　上州诸府参军　亲王府旅师　下府别将长史　下镇副诸屯监　诸率府左右中侯　镇军满二万人以上　诸曹判司　诸折冲府校尉　宣义郎　翊麾副尉

正八品上阶

监察御史　协律郎　诸卫羽林录事参军　中署令　中州录事参军　翊卫太子勋卫　太医署医博士　太子典膳药藏丞　军器监主簿　武库署丞　两京市署丞　上牧监　亲王府执仗报乘亲事　镇军兵不满二万以上诸曹判司　给事郎　宣节校尉

正八品下阶

奚官内仆内府局丞　下署令　备身　诸卫羽林诸曹参军　中州诸司参军　亲王府京兆河南太原府大都督大都护府参军　尚药藏局司医　京兆河南太原诸县丞太子内直宫门局丞　太公庙丞　诸宫农圃监　牙市监丞　司竹副监　司农寺诸园苑监丞　灵台郎　上戍主诸卫左右司戈　征事郎　宣节副尉

从八品上阶

左右拾遗　太医署针博士　四门助教　左右千牛卫录事参军　下州录事参军　诸州上县丞　中牧监丞　京县主簿　太子左右卫司御清道内率府录事参军　中都督上都护府参军　太子翊卫亲王府行参军　京兆河南太原府大都督府博士　诸仓诸冶司竹温汤监丞　保章正　诸折冲府旅师　承奉郎　御侮校尉

从八品下阶

大理评事　律学博士　太医署丞　太子左右春坊录事　左右千牛卫诸曹参军　内谒者监　太子左右卫司御清道率府诸曹参军　太子备身　下州诸司参军　太子诸署令　掖庭宫闱局丞　都水监主簿　中书门下尚书都省兵部吏部考功礼部主事　上署丞　上都督府上州参军　中都督下都督府上州博士　诸州中县丞　亲王府典签　京县尉　亲王国大农　公主家丞　亲王府队正　诸屯监丞　上关令上府兵曹　上镇仓曹兵曹参军　挈壶正　中戍主　上戍副　诸率府左右司戈承务郎　御侮副尉

正九品上阶

校书郎　太祝　太子左右内率监门率府录事参军　太子内坊典直　中署丞　典客署掌客　亲勋翊卫府羽林兵曹参军　岳渎令　诸律令　下牧监丞　诸州中下县丞　中州博士　京兆河南太原府诸县主簿　武库署监事　儒林郎　仁勇校尉

正九品下阶

正字　太子校书　奚官内仆丞　内府局丞　下署丞　尚食局食医　尚药局医佐尚辇局掌辇　尚乘局奉乘　司库　司廪　太史局司辰　典厩署主丞　太子左右内率监门率府诸曹参军　太子三寺主簿　詹事府录事　太子亲勋翊卫府兵曹参军诸州下县丞　诸

州上县主簿　中州参军　下州博士　京兆河南太原府诸县尉　上牧监主簿　诸宫农圃监丞　中关令　中府兵曹　亲王国尉　上关丞　诸卫左右执戟　中镇兵曹参军　下戍主　诸折冲队正　登仕郎　仁勇副尉

从九品上阶

尚书御史台秘书省殿中省主事　奉礼郎　律学助教　太子正字　弘文馆校书　太史局司历　太医署医助教　京兆河南太原府九寺少府将作监录事　都督都护府上州录事市令　宫苑总监主簿　诸州中下县主簿　中牧监主簿　诸州上县中县尉　下府兵曹监漕　文林郎　陪戎校尉

从九品下阶

内侍省主事　国子监亲王府录事　太子左右春坊主事　崇文馆校书　书学博士算学博士　门下典签　太医署按摩咒禁博士　太卜署卜博士　太医署医正　太医署针助教　太卜署卜正　太史局监侯　亲王国丞　太子典仓署园丞　太子厩牧署典丞　掖庭局宫教博士　太子诸署丞　诸作诸监事计官　太官署监膳　太乐鼓吹署乐正　亲王府队副　大理寺狱丞　下州参军　中州下州医博士　诸州中下县尉　京县录事　下牧监主簿　下关令　中关丞　诸卫羽林长上公主邑司录事诸津丞　下镇兵曹参军　诸折冲府队副　诸率府左右执戟　将仕郎　陪戎副尉

杜佑职官门总评

德宗建中年间，我在户部负责国家财政收支的事务，恰逢河朔兴师作战，军费耗用很大，经费常感不足，百姓生活日益窘困，想要增收税目实在又很困难。所能实施且有效的办法只有节省用度。因此曾屡次上书建议说：远古唐虞尧舜时代，只设置了百官；夏商二代，官却多了一倍，周虽建六官，但也各有徒属，但每官有专门职司，并不重复。

秦朝立制，大多因时制宜；汉初沿袭秦制，但后来逐渐增设职官。东汉光武帝建武六年（公元30年）废罢四百多员县吏的职位，魏太和中也分命使臣，省略州郡的吏员，晋太元中曾裁汰七百余员，隋开皇三年（公元583年）废五百多郡，皇朝太宗贞观初年大省内官六百余员。

我们仔细考察设官的本意，乃是为了治理百姓，处理庶务，因此古今都是估量人口多寡而设置官吏，按照人口而定官吏员额。自汉、魏、晋、隋一直到我们唐朝，由于战争流离、征伐修缮的艰劳，正应当裁撤吏职，晋朝的荀勖、桓温都曾建议过，而现在想要救弊省用，为什么不由省官节用开始呢？

以前皋陶负责五刑，而现在有刑部尚书与大理卿，是等于有两个皋陶；垂掌利器工务，而现在有工部尚书与将作监，等于有两个垂；契负责五教，而现在有司徒与户部尚书，等于有两个契；伯夷司典国家仪礼，而现在有礼部尚书与礼仪使，等于有两个伯夷；伯益掌理山川林泽，而现在有虞部郎中与都水使者，等于有两个伯益；伯冏掌管车马交通，而现在有太仆卿、驾部郎中、尚辇奉御、闲厩使者，等于有四个伯冏。古代天子有六军，汉朝则设前后左右将军四人，现在则有十二卫、神策等军，总共有将军六十人。这些都是历代逐渐增设的职位，由于旧名没有废除，而新职又日渐增加，名目既繁，职位也有许多重复。

现在如果因为人情因袭日久的缘故，无法在短时间内更改制度，并省官额，不妨暂且停省地方别驾、司马、参军以及州县的官额，依照州县户口数目的多寡来定官员名额。而这些被罢官的人，只要有德行才能，即委托州府长史挑选推荐，这样也可以做到不遗器能，野无遗才。假如有官员胆敢滥举，推举的人要负连坐的责任，又有谁敢以身试法呢？

随时立制，遇弊变通，正是古今的通计，不必事事因循；因循苟且，害怕困难而不愿变更。等到将来兵戎稍停，百姓生活富足安乐，那时想要增加官员也还不迟啊！

四、礼

礼可以归本溯源到混沌未开的原始，后来分为天地，转变成阴阳，变化为春夏秋冬四季节。孔子说："夫礼，先王以承天之道，以理人之情，失之者死，得之者生。"所以古代圣人用礼教化天下百姓，而国家也因为有礼的实施，能够以正道立于天下。

远古时代，伏羲氏用俪皮作为礼，作琴瑟为乐，这是所谓的"嘉礼"；神农氏教导人民播种耕作，从饮食到祭拜鬼神地祇，这是所谓"吉礼"；黄帝与蚩尤大战于涿鹿，这是所谓"军礼"；九州各地的州牧长官倡导教化等是所谓"宾礼"；《易经》称说古代人死葬在中野，这是所谓"凶礼"。

再从另一方面来说，准备祭品贡献祭拜上帝，可称为"吉礼"；适度安排妃嫔的纳授等也可称为"嘉礼"；各地的诸侯来进贡朝拜也是"宾礼"；征伐苗黎等化外之民是"军礼"；丧葬鼓吹则是"凶礼"。

所以说伏羲氏以来，五礼已逐渐建立，到尧舜时代五礼可说是完全具备了。五礼之中，祭天礼地为吉礼，其余的四礼则天事与人事兼而有之。夏、商两代时礼有不少散失，多方阙漏。到周武王建国后，成王年纪还小，由周公摄政六年，极力追求太平的境界，讲述文王、武王的道德教化，制定《周官》及《仪礼》，作为后代的遵循方案。在《礼》的序言中说道："礼也者，体也，履也；统之于心曰体，践而行之曰履。"也就是以《周礼》为根本的体，以《仪礼》作为实践的准则。但后来周天子衰微不振，诸侯僭越，从孔子时代，礼已经无法实行于当时分裂动荡的世局。

秦统一六国，平定天下，收集周的仪礼回到首都咸阳，但是秦所挑选的礼只是尊君抑臣的那一套，并且将之应用于现世。汉朝代兴之时，天下草创，没有时间制定礼仪，一切着眼都在征伐控制方面，导致后来群臣饮酒醉而在殿上争功，一片嘈杂，汉高祖深以为忧患，只好采用叔孙通的建议，立朝仪，以挽回群臣酒醉拔剑击柱的无秩序状态，一切才趋向安定，诸将上朝才井井有条，高祖终于叹道："吾于今日知为天子之贵也。"于是任命叔孙通为奉常，主持制定礼仪法度这件事，但尚未完成时叔孙通死了，然后才由高堂生传礼十七篇。

汉初徐生特别擅长颂礼，文帝时他因而官至大夫，而萧奋也因为颂礼而当上淮阳太守。到武帝时广开民间献书之路，特别优奖鼓励，当时有李氏得到《周官》五篇，独缺《冬官》一篇，而河间献王准备用千金重赏到民间寻求，都没办法觅到，只好用《考工记》来代替《冬官》，也算补足了《周官》这部书，上奏献给朝廷。

王莽时刘歆才建议设立周官博士，一时《周官》甚为风行，杜子春又追随刘歆学习，能够通晓。至东汉永平年间郑众、贾逵等人都向杜子春就读，稍后又有马融作《周官传》，郑玄作注。

最初河间献王获得《周官》一书时，也得到孔子的弟子以及后来学者所记的四百十一篇，到西汉末年，刘向考证、校订经籍的时候，只剩下一百三十篇，刘向就将这一百三十篇编定次序而加以说明。后来他又得到《明堂阴阳记》二十二篇、《孔子三朝记》十篇、《王史氏记》二十篇、《乐记》二十三篇，连同一百三十篇总共是二百零二篇。稍后戴德删掉烦琐重复的部分，合并记载，成为八十五篇，名为《大戴记》；而戴圣又将戴德所编加以删略，成为四十七篇，名为《小戴记》。东汉晚期，马融传承小戴的礼学，又增定明堂位合、月令，合为四十九篇；郑玄又从马融受业，为四十九篇作注。现在大唐帝国中，《周官》六篇、《古经》十七篇、《小戴记》四十九篇共有三种，除了郑玄注本还在中央官学中教授以外，其余已经逐渐散佚没落了。

三国鼎立时期，曹魏任命王粲、卫觊创制朝仪，另有鱼豢、王沈、陈寿、孙盛等人也掇补礼仪；孙吴则由丁孚检拾汉礼；蜀汉则由孟光、许慈等草建制度。晋初以荀觊、郑冲负责礼仪，二人参考古今礼仪，更动一些内容文字，而后羊祜、任恺、庾峻、应贞等并加删集，共成一百六十五篇。后来挚虞、傅咸想继续编纂，刚好碰到永嘉之乱，中原覆没而未竟全功。现在唐代所看到的挚虞《决疑注》，只是遗文罢了。

东晋偏安江左时，刁协、荀崧补充旧文，蔡谟又继续他们的工作。南朝时，宋初因循前史，并未加以制定补述。齐武帝永明二年（公元484年）下诏尚书令王俭制定五礼，到梁武帝时又命令群儒，裁成五礼，其中"吉礼"由明山宾负责编纂，"凶礼"由严植之负责，"军礼"由陆琏，"宾礼"由贺场，"嘉礼"由司马褧负责；又任命沈约、周舍、徐勉、何佟之等人参与这次编定礼仪的过程。陈武帝受禅，礼仪多随梁旧制，或者因行事而随时削减。

北魏道武帝在礼仪方面仅举大体，事多阙遗，孝文帝则由旧章中寻觅令典朝仪。北齐有阳休之、元循伯、熊安生，北周有苏绰、卢辩、宇文弼等人都习礼仪，并能应用在实际生活上。隋文帝时，牛弘、辛彦之等人采梁与北齐的仪注，整理成五礼。

大唐帝国初建，一切草创，多从简省，也无暇详定礼仪，等到太宗登基，才下诏礼官、学士修改旧仪，编纂成吉礼六十一篇、宾礼四篇、军礼十二篇、嘉礼四十二篇、凶礼六篇、国恤五篇，总共是一百三十篇，合为百卷，于贞观七年（公元633年）颁布实施。高宗初年认为贞观礼节并未达到详尽地步，重新加以修撰，合成一百三十卷，到显庆三年（公元658年）完成奏上，唐高宗亲自作序。但是当时天下议论纷纷，于是礼司每遇大事，常常别制一礼，援古附今，临时制定，同时贞观礼、显庆礼也并行于世。

唐玄宗开元十四年（公元726年），通事舍人王岩上疏请改撰《礼记》，以今事为主，集贤院学士张说也奏请学士等人讨论古今，删改行用。于是令徐坚、李锐、施敬本等人负责编撰，但尚未完成李锐就去世了，乃以萧嵩代替李锐为集贤院学士，任命起居舍人王仲邱负责，到开元二十年（公元732年）九月完成新礼，共一百五十卷，这就是赫赫有名的《大唐开元礼》。

历代沿革

礼的内容极其烦琐，包括许多进退举止的细节，因此只列出历代沿革的篇目与论议：

吉礼

郊天

大雩

大学

诸侯立学

释奠

祀先代帝王

老君祠

孔子祠

太公庙

巡狩

封禅

告孔

历代所尚

享司寒

禜祈禳

高禖

祓禊

诸杂祀

淫祠兴废

嘉礼

天子加元服

皇太子冠

诸侯大夫士冠

大功小功末冠议

女笄

君臣冠冕巾帻等制度　冕　缁布冠　牟追冠　通天冠　长

冠　远游冠　高山冠　法冠　建华冠　赵惠文冠　方山冠　巧士

冠　却非冠　樊哙冠　术士冠　却敌冠　进德冠　翼善冠　皇
皮弁　韦弁　帻　幧　帽　葛巾　幅巾　巾子

天子纳妃后

天子册妃嫔夫人

皇太子纳妃

公侯大夫士婚礼　宗子父殁母命婚父母俱殁自命婚及支子称
宗弟宗兄等婚议　舅姑俱殁妇庙见　公主出降　不亲迎婿见外舅
姑　婚礼不贺议　婚不举乐议　男女婚嫁年纪议　嫁娶时月议
已拜时而后各有周丧迎妇遣女议　已拜时婿遭小功丧或妇遭大功
丧可迎议　拜时妇三日妇轻重议　周丧不可嫁女娶妇议　周丧降
在小功可嫁女娶妇议　大功末可为子娶妇议　祖无服父有服可娶
妇嫁女议　降服及大功末可嫁姐妹及女议　降服丧已除犹在本服
月内可嫁议　周姓婚议　内表不可婚议　外属无服尊卑不通婚议

君臣服章制度

后妃命妇首饰制度

后妃命妇服章制度

天子诸侯玉佩剑绶玺印

天子车辂　五辂　副车　戎车　猎车　指南车　记里鼓车
白鹭车　鸾旗车　辟恶车　皮轩车　耕根车　安车　四望车　游
车　羊车　画轮车　鼓吹车　象车　黄钺车　豹尾车　建华车

皇太后皇后车辂

皇太子皇子车辂

公侯大夫等车辂

主妃命妇等车

辇舆

旌旗

卤簿

天子敬父

皇后敬父母

养老

天子敬拜保傅

诸王公主敬姑叔

群臣致敬太后父

群臣侍坐太子后至

天子诸侯大夫士养子仪

天子诸侯大夫之子事亲仪

事先生长者杂仪　居官归养父母议　侨居人桑梓敬议　夫人不答妾拜议　僧尼不受父母拜及立位议　被召未谒称故吏议　二嫡妻议　甥侄名不可施伯叔从母议　二人各有内外兄弟相称议　从舅是族外弟相称议　养兄弟子为后后自生子议　异姓为后议

读时令

元正冬至受朝贺

策拜皇太子　皇太子监国及会宫臣议　皇太子监国有司仪注　春夏封诸侯议锡命　诸王公城国宫室章服车旗议

策拜诸王侯　诸王公侯留辅朝政嫡子监国议

天子追尊祖考妣　天子崇所生母议　诸侯崇所生母议　支庶立为天子追尊本生　追锡命议　王侯在丧袭爵议

五宗　公子二宗　继宗子议　事宗礼

九族　敦疏远外亲

乡饮酒

宾礼

天子受诸侯藩国朝宗觐遇

天子受诸侯遣使来聘

天子遣使来迎劳诸侯

三恪二王后

天子朝位

天子上公及诸侯卿大夫士等贽

信节

军礼

天子诸侯将出征类宜造祃并祭所过山川軷祭

天子诸侯四时田猎

出师仪制

命将出征

宣露布

天子诸侯大射乡射

天子合朔伐鼓　冬夏至寝鼓兵议

马政

时傩

凶礼

大丧初崩及山陵制

总论丧期　奔大丧　未逾年天子崩诸侯薨议　天子为继兄弟统制服议　天子不降服及降服议　天子为皇后父母服议　天子为庶祖母持重服议　天子立庶子为太子薨服议　天子为母党服议　天子吊大臣服议　天子为大臣及诸亲举哀议　国有大丧使者章服及不爵命议　天子诸侯之庶昆弟及妾子为母服议　公主服所生议

诸王子所生母嫁为慈母服议　诸侯及公卿大夫为天子服议
诸侯之大夫为天子服议　皇太后长公主及二夫人以下为天子服杖
议　诸王女孙女为天子服议　宗室童子为天子服制议　童子丧服
议　皇后降服及不降服议　皇后为亲属举哀议　为皇后大祥祭日
哭临议　皇后亲为皇后服议　诸侯及公卿妻为皇后服议　蕃国臣
为皇后服议　皇太子降服议　皇太子为太后不终三年服议　皇太
子为所生母服议　诸王持重器所生母服议　诸王出后降本父母及
所生母服议　为皇太子服议　为太子妃服议　为太子太孙殇服议
为诸王殇服议　王侯世子殇服议　继殇后服议

丧制之一　初丧　复　天子诸侯大夫士吊哭议　三不吊议

丧制之二　沐浴　含　袭　设冰　设铭　悬重　始死　服
变　始死禩　小敛

丧制之三　既小敛敛发服变　小敛奠　棺椁制　大敛国君视
大夫士丧之大敛　大敛奠·殡　将葬筮宅　启殡朝庙

丧制之四　荐车马明器及饰棺　祖奠　赗赙　遣奠　器行
序　挽歌　葬仪

丧制之五　虞祭　既虞饯尸及卒哭祭　祔祭　小祥变　大祥
变　禫变　五服成服及变除附　五服缞裳制度　五服制度变

五服年月降杀之一　斩缞三年　孙为祖持重议　孙为庶祖持
重议　嫡孙亡无后次孙为祖持重议　嫡孙持重在丧而亡次孙代之
议

五服年月杀之二　齐缞三年　后妻子为前母服议　前妻被掠
没贼后得还后妻之子为服议　为高曾祖母及祖母持重服议　齐缞
杖周　父卒母嫁复还及庶子为嫡母继母改嫁服议　父在为出母服
议父卒为嫁母服

五服年月降杀之三　齐缞不杖周　齐缞三月

五服年月降杀之四　大功殇服九月七月　大功成人九月　为众子妇

五服年月降杀之五　小功殇服五月　小功成人服五月嫂叔服　缌麻殇服三月　缌麻成人服三月　舅之妻及堂姨舅　两妾相为服

王侯兄弟继统服议　未逾年大丧不立庙议　未逾年君称议三公诸侯大夫降服议　诸侯大夫子降服议　诸侯夫人及大夫妻终服议　贵不降服议　诸侯为所生母服议　公子其母服议

奔丧及除丧而后归制　士为所生母服议　庶子父在为出嫡母服议　为父后出母更还依已为服议　为人后为出母及出祖母服议　为父后为嫁母及继母嫁服议　为出继母不服议　继母亡前家子取丧柩去服议　出母父遗命令还继母子服议　父卒继母还前亲子家继子为服议　父卒继母还前继子家后继子为服议　大夫士为慈母服议

前母党为亲友服议　亲母无党服继母党议　母出有继母非一当服次其母者议　从母被出为从母兄弟服议　继嫡母党服议　娶同堂姊之女为妻姊亡服议　妻已亡为妻父母服议　从母适族父服议　为内外妹为兄弟妻服议　族父是姨弟为服议　妾为先女君党服议　庶人为人后其妻为本舅姑服议

总论为人后议　夫为祖曾祖高祖父母持重妻从服议　出后子却还为本父服及追服所后父议　出后子为本父母服议　出后子为本亲服议　出后子为本庶祖母服议　父为高祖持重子当何服议　为庶子后为庶祖母服议　所后之母见出服议　为曾祖后服议

并有父母之丧及练日居庐垩室议　父未殡而祖亡服议　父丧

内祖亡作二主立二庐议　居重丧遭轻丧易服议　长殇中殇变三年之葛议　居亲丧既殡遭兄弟丧及闻外丧议　居亲丧除旁亲服议　妇人有夫丧而母亡服议　居所后父丧有本亲丧服议　有祖丧而父亡服议　祖先亡父后卒而祖母亡服议　为祖母持重既葬而母亡服议　既练为人后服所后父议　兼亲服议

　　生不及祖父母不税服议　小功不税服议　庶祖母慈祖母服议　君父乖离不知死亡服议　父母乖离知死亡及不知死亡服议

　　为姑姊妹女子无主后者服议　叔母寡姑遭还未嫁而亡服议　寡叔母守志兄迎还密受聘未知而亡服议　已拜时而夫死服议　郡县守令迁临未至而亡新旧吏为服议　吏受今君使闻旧君薨服议　与旧君不通服议　秀孝为举将服议　郡县吏为守令服议

　　丧遇闰月议　忌日议　纳后值忌议

　　为废疾子服议　罪恶绝服议　师弟子相为服议　朋友相为服议　除心丧议　周丧察举议

　　改葬服议　嫡孙有父丧未练改葬祖服议　有小功丧及兄丧在殡改葬父母服议　改葬父母出适女服议　改葬前母及出母服议　母非罪被出父亡后改葬议　改葬反虞议　父母墓毁服议

　　假葬墙壁间三年除服议　三年而后葬变除议　久丧不葬服议　父母死亡失尸柩服议　妇丧久不葬服议　禁迁葬议　招魂葬议　疑墓议

　　帝王谥号议　皇后谥及夫人谥议　太子无谥议　诸侯卿大夫谥议　君臣同谥议单复谥议　卒哭后讳及七庙讳字议　上书犯帝讳及帝所生讳议　山川与庙讳同应改变议　已迁主讳议　上表称太子名议　父讳与府主名同议　授官与本名同宜改及官位犯祖讳议　内讳及不讳皇后名议

丧礼杂制

礼废

大唐开元礼

大唐帝国玄宗开元年间制定五礼，五礼的仪共一百五十二。吉礼有五十五仪，嘉礼有五十仪，宾礼有六仪，军礼有二十三仪，凶礼有十八仪，分列如下：

吉礼

冬至祀昊天于圆丘　正月上辛祈谷于圆丘　孟夏雩祀于圆丘　四季秋大享于明堂　立春祀青帝于东郊　立夏祀赤帝于南郊　季夏祀黄帝于南郊　立秋祀白帝于西郊　立冬祀黑帝于北郊

腊月祀百神于南郊　春分祀朝日于东郊　秋分祀夕月于西郊　祀风师雨师灵星司中司命司人司禄　夏至祭皇地祇于方丘（后土同）　孟冬祭神州于北郊　仲春上戊祭太社太稷　祭五岳四镇　祭四海四渎时享太庙　祫享太庙　禘享太庙　拜陵　太常节行诸陵　孟春吉亥享先农耕籍皇后季春吉己享先蚕亲桑　有司享先代帝王　荐新于太庙　季夏祭中溜于太庙孟冬祭司寒纳冰　兴庆宫祭五龙坛　皇帝祀学　皇帝太子释奠于孔宣父　国学释奠于孔宣父　仲秋释奠于齐太公　巡狩告圆丘　巡狩告社稷　巡狩告宗庙归格于祖　皇帝巡狩　热祀于太山禅于社首山　时旱祈太庙　时旱祈太社　时旱祈岳镇于北郊报仪同　就祈岳镇海渎　诸州祭社稷　诸州释奠于孔宣父　诸州祈社稷祷诸神禜城门　诸县诸里祭社稷　诸奠释奠于孔宣父

诸县祈社稷及诸神　诸太子庙时享　三品以上时享其庙　三

品以上祫享其庙　三品以上禘享其庙　四品五品时享其庙　六品以上春祠　王公以下拜埽寒食

嘉礼

皇帝加元服　纳后　皇帝正至受皇太子朝贺　皇后受太子朝贺　皇帝正至受皇太子妃朝贺

皇后正至受皇太子妃朝贺　皇帝正至受群臣朝贺　皇帝千秋节受朝臣朝贺　皇后正至受群臣朝贺　皇后受外命妇朝贺　皇帝明堂读春令　读夏令　读秋令　读冬令　于太极殿读五时令

养老于太学　临轩册皇后　临轩册皇太子　内册皇太子　临轩册立王公　朝堂册诸臣　册命内妇　遣使册授官爵朔日受朝　朝集使辞见　皇太子加元服　皇太子纳妃　皇太子正至受群臣贺　皇太子受宫臣朝贺　皇太子与师傅保相见　皇太子受朝集使参辞　亲王冠　亲王纳妃　公主降嫁　三品已上子冠　五品已上子冠　六品已下子冠　三品已上婚　四品已下婚　朝集使礼见任官初上　乡饮酒　正齿位宣赦书　群臣诣阙上表　群臣起居遣使慰劳诸番　遣使宣抚诸州　遣使诸州宣制　遣使诸州宣赦书

宾礼

番国主来朝　戒番国主见　番主奉见　受番使表及币宴番国王　宴番国使

军礼

亲征类于上帝　宜于太社　告于太庙　祃于所征之地　軷于国门　告所过山川宣露布　劳军将　讲武　田狩　射宫　观射遣将出征宜于太社　遣将告太庙遣将告齐太公庙　祀马祖

享先牧　祭马社　祭马步　合州伐鼓　合朔诸州伐鼓　大傩　诸州县傩

凶礼

凶年振抚　劳问疾患　中宫劳问　皇太子劳问　服制度　皇帝为小功已上举哀敕使吊　会丧

册赠　会葬　致奠　皇后举哀吊祭　皇帝太子举哀吊祭　皇太子妃举哀吊祭　三品已上丧　五品已上丧　六品已下丧　王公已下丧

五、乐

　　声音生于人心，反映出人的感受。如果心情惨凄，则所发出的声音就呈现悲哀疾苦，心情舒泰则声音呈现祥和快乐。更进一层说，人心又常因为所听到的声音，由声音的哀怨或和乐而感到舒畅与惨淡。所以古人说韩娥放声高哭，一里之内为之愁云蔽天，邻里也同感悲怆；高声长歌，则众人也随之舞之蹈之，充斥着喜悦愉扬的气氛。由此可以了解声音对人，与人对声音的彼此影响有多大。

　　因此，哀、乐、喜、怒、敬、爱六种心情的体现，往往是随物而感动，表现在容貌外表言语各方面。

　　所谓的舞，是因为咏歌高唱已经不能充分表达快乐的心情，所以手舞之，足蹈之，表现在脸上，尽施于身体的伸展。所谓乐，如依古圣先贤所说，可以教导人心向善，所以古代诸侯、卿大夫，不无故取消乐，士不无故抛弃琴瑟。因为乐可以舒平一个人的心情，可以发现、表达一个人的志向，那么祥和元气常充斥着人心，邪气自然不侵，这就是古先哲后为什么立乐的道理。

　　历史上由于周天子衰微，政出诸侯，所谓郑、卫等淫声纷纷出现；秦汉以后，古乐老早失传，历代所保存的只有韶武而已。魏晋南北朝时代，还有胡乐传入，然而胡音尽为哀怨思念，胡舞形举急促无状，跟所谓郑、卫淫声相差不多。

大唐太宗贞观初年，作《破陈乐》，才是真正发扬蹈厉，表达一个国家强盛奋发的雄健精神，丝毫不比古代周文王、武王的音乐逊色，又哪里是近代人所相习的轻歌曼舞，消弭人心的音乐所能比拟呢？但是人间久习于胡戎乐舞，很难在短时间内立即革除；古代用音乐来教化人民，主要是因为音乐感人至深，能移风易俗，所以现在要闲其邪，正其颓，振衰起弊，只有乐而已。

历代沿革

伏羲氏乐名为《扶来》，也叫作《立本》。神农氏乐名《扶持》，或称《下谋》。黄帝作《咸池》，少皞作《大渊》，颛顼作《六茎》，帝喾作《五英》，尧作《大章》，舜作《大韶》，禹作《大夏》，汤作《大濩》，周武王作大武，周公作《勺》。

《周礼》春官大司乐负责以乐舞教导公卿大夫的子弟；舞《云门》《大卷》《大咸》《大韶》《大夏》《大濩》《大武》，以六律、六吕、五声、八音、六舞，用来祭拜鬼神，调和人心，安定远国。祭祀天神时奏黄钟、歌大吕、舞云门；祭祀地祇时奏太簇、歌应钟、舞咸池；祭祀司中、司命、风师、雨师等四望时，奏姑洗、歌南吕、舞大韶；祭祀山川时奏蕤宾、歌函钟、舞大夏；祭享先妣时奏夷则、歌小吕、舞大濩；祭享先祖时奏无射、歌夹钟、舞大武。

秦始皇平定天下，六代庙乐只剩韶、武犹存，其余都散佚了。到始皇二十六年（前221年）改周朝大武乐为五行，房中乐名为寿人。汉兴代秦，设乐府；武帝又命李延年为协律都尉，搜

集民歌。此下历魏晋南北朝，祭祀郊拜等大礼都有乐相祖孝孙厘
正宫调、起居郎吕才练习音韵、协律郎张文收考定律吕，创造了
十二和乐，共有四十八曲、八十四调。到玄宗开元中期，又增加
了三和乐，合前为十五和乐，名称分别是：元和、顺和、永和、
肃和、雍和、寿和、太和、舒和、休和、昭和、祴和、正和、承
和、丰和与宣和；又制定文舞、武舞，文舞用于朝廷称为九功，
武舞朝廷则称为七德舞。

十二律

黄钟　大吕　太蔟　夹钟　姑洗　中吕

蕤宾　林钟　夷则　南吕　无射　应钟

六律

黄钟　太蔟　姑洗　蕤宾　夷则　无射

六吕

大吕　应钟　南吕　中吕　夹钟　林钟

五声

宫　商　角　徵　羽

八音

石—干　革—坎　匏—艮　竹—震　木—巽　丝—离　土—坤
金—兑

金

钟　栈钟　镈　錞于　铙镯铎　方响　铜钹　铜鼓

石

磬　馨

土

埙　缶

革

鼓 齐鼓 担鼓 羯鼓 都昙鼓 毛员鼓 荅腊鼓 鸡栖鼓 正鼓 节鼓 抚拍 雅

丝

琴 瑟 筑 筝 琵琶 阮咸 箜篌

木

柷敔 舂牍 拍板

竹

箫 管 篪 七星 钥 笛 箪篥 笳 角

清乐

所谓清乐，原是清商三调，主要是汉朝以来的旧典、乐器、古调等，原都记载在史书中。到晋朝播迁江南时，清乐乐音也随之散失，后保存于凉州张氏，宋武帝刘豫北伐平关中时带回建康（南京）。等到隋文帝平陈后得之，赞誉为"华夏正声"。文帝并加以修补创新，特置清商署总负责，名为清乐。

隋唐以来，清乐也散佚不少。大唐武则天统治时期还有六十三曲，现今乐辞仍存在的有白雪、公莫、巴渝、明君、明之君、铎舞、白鸠、白纻、子夜、吴声四时歌、前溪、阿子歌、团扇歌、懊侬、长史变、都护歌、读曲歌、乌夜啼、石城、莫愁、襄阳、栖乌夜飞、估客、杨叛、雅歌、骁壶、常林欢、三洲采桑、春江花月夜、玉树后庭花、堂堂、泛龙舟三十二曲，其中明之君、雅歌各有二首，吴声四时歌有四首，合为三十七曲；另有七曲有声无辞：上林、凤曲、平调、清调、瑟调、平折、命啸，连前三十七曲，合起来只存四十四曲而已。

乐议

郊庙宫悬备武议　郊庙不奏乐庙诸室别舞议　祭日不宜遍舞六代乐议　舞佾议宗庙迎送神乐议　散斋不废乐议　临轩拜三公奏乐议　三朝行礼乐失制议　三朝上寿有乐议　三朝不宜奏登歌议　皇后乐议　东宫宴会奏金石轩悬及女乐等议　皇帝幸东宫鼓吹作议　国哀废乐议　遏密不设悬议　大丧而弟嗣位未三年废乐议　大丧在寇梓宫未返废乐议　皇后崩服未终废乐议　太后父丧废乐议　皇后母丧废乐议　公主丧废乐议　太子所生丧废乐议　大臣丧废乐议　忌月不废乐议

六、兵

传说远古时代三皇清静无为，民得休息，勠力本业，天下赖以得治；到了五帝在位时期，为了推行礼乐教化，不得不仰赖兵的力量，兵也就从此兴起。因此，古人所说的"大刑用甲兵"，仿佛可以看见漫漫神州上展开一场人马杂沓、兵仗严肃的相互对垒，一阵冲锋砍杀之后，尸横遍野，血流成河的惨淡景象。其中著名的大战役如补遂之战、阪泉之战都是最明显的例证。如果兴兵攻伐，能够顺天应人，适时而合宜，那么天下终究是归于安和乐利，一片融洽。反之，恐怕就会导致兵荒马乱，人民辗转死于沟渠，骨肉相离，天人永隔的悲惨命运了。

殷商、姬周时代，行封建制度，有公、侯、伯、子、男五等爵之分，海内到处充斥着甲仗战火，兵燹不息，征战不停，强国兼并弱国，大国侵凌小国，直到秦始皇灭东方六国，一统宇内，罢废封建制度，天下尽置郡县，才稍稍改变春秋、战国以来列国并争的景象。此后，列朝历代都沿袭秦制不改。

要溯寻这项制度的蛛丝马迹，探求它精神的所在，只有汉代的史料才能圆满地呈现出全貌。汉代将全国大军悉数部署在首都长安，帝国四境边疆只设立要塞亭障；同时又命令全国的富豪巨室迁徙到首都及邻近县邑定居落户，实施所谓"强干弱枝"的政策，使全国的力量都集中在中央政府所在的关中地区。假如碰上夷狄袭扰，中央马上下令征调五营骑兵，以及六郡身家清白、世业守份的子弟组成军队出征。汉朝几次对外战役，如武帝时贰师将军李广利、光武帝时伏波将军马援等南征北讨，都是遇有战事才被任命为将，领兵出征，事毕则罢，将归于朝廷，兵士则回乡业农务工商。即使是像卫青、霍去病等将领拥有丰功伟业，享有极高的勋奖，也莫不如此，实在称得上用甲兵能适得其时，适得其所，适得其宜。

汉代以后，如果遭到王纲不振、皇权失坠的情况，国家的主权便无法集于一人之手，朝廷以外的强藩大镇势力自然而生，也都萌发取代皇室之意。这种情况可说是历代的通例，没有一个朝代不曾面临这样的困境。譬如东汉末年的董卓、袁绍，东晋初期的王敦、桓玄，南朝刘宋时的谢晦、刘义宣，萧齐时的陈显达、王敬则，萧梁时的侯景、陈时华皎，北魏时的高欢、尔朱荣之流，都是这一种情况的例证，也可说是用兵不得其宜的最佳范例。

到了我们大唐帝国时代，李靖平定突厥，李勣讨灭高丽，侯君集倾覆高昌，苏定方绥靖百济；此外如李敬玄、王孝杰、娄师德、刘审礼等人，都是以公卿宰相的身份，亲自统帅大军出征，抵御"戎狄蛮夷"的袭扰。等到乱平戡定之后，立即班师还朝，并没有长久留驻在外的情形。他们在边境上只有悉心地设置烽燧，谨慎地派遣斥候去侦探动静，设立城堡障塞，用以防御紧急情况的爆发而已。这实在是安邦定边的良谋胜算，也是国家的长远计划啊！

大唐玄宗皇帝登基以后，天下太平，富强安乐为前代所未有。但开元二十一年（公元733年）以后，一些贪功的将领希望恢复战伐的日子以图军功，并且以此来满足玄宗个人的欲望。这些企图荡灭奚、契丹，剪除蛮、吐蕃的将领，遇到作战不利、军败丧师的时候，即使丧失掉一万名士兵也会谎报说只损伤了一人而已，如果侥幸得胜，俘虏到一个人就渲染说抓到了几万人，由是得到玄宗的宠爱信任，并且使玄宗的骄矜之心大为增加。哥舒翰统率西方的二支大军，安禄山指挥东北的三支大军，连义务服役的府兵士卒也都授予官名，导致帝国郡县的岁入储积，一点一滴都消耗在这些军队的薪饷犒赏上面去了。

于是，骁勇善战的将领、猛锐雄健的兵士、驰骋奔竞的骏马、坚实锋利的武器都不在京师，全部汇集于哥舒翰与安禄山二人手上。既然统兵在外的将领势力如此强大，朝廷的势力又如此薄弱，又怎不会让奸猾小人有可乘之机呢？安禄山后来的起兵叛乱，未必就是他素来孕育反叛的阴谋。只是由于上述的理由，每当地方稍一逼迫，朝廷就岌岌可危，而中央与地方势力如果是旗鼓相当，势均力敌，就会有叛变的爆发，这乃是不得不如此，所谓大势所趋的必然结果。

从前汉高祖刘邦把土地分封给功臣勋将、兄弟子侄，作为诸侯王国，实施郡国并行制。其中只有吴芮的封国疆土最小，地位最卑下，但他却最忠心于汉；相反的，韩信、彭越等人都是国大地广，势强兵盛，他们最后终究是起兵称乱。

汉文帝时洛阳贾谊目睹当时诸侯国力量极为强大，曾上书给皇帝说：

治理天下的国君，应该让全国内外的情况好像人的躯体一样，由中枢来发号施令，指挥手臂，手臂进而指挥手指，那么天下状况都能了如指掌，尽在掌握之中；如果让现在这种地方凌驾中央的情形继续存在发展下去，而不能有所改变的话，就好像树木一样，树干枯小而枝叶繁大，一定会招致祸乱的命运。

可惜汉文帝、景帝对诸侯僭权的情形一直无能为力，因循不改，甚至把建议"削藩"的晁错杀掉，博得一个恶名。

假如一向处置得当，合于时宜，又有哪一个诸侯不乖乖地效忠天子呢？奸谋诡计如果消弭于无形之中，到处也会呈现出一片祥和的气氛，哪里还会有违犯国家法令、兴兵作乱的事情发生呢？古语说"朝为伊尹，夕成桀跖"，人之所以为圣贤、为盗贼，往往是被形势所逼迫而造成的。兵法上也说："将者，人之司命，国家安危之主。用当先之以中和，后以材器。或未驯其性，苟求其用，授以铦刃，委之专宰，刑权一去，物情随之，噬脐之喻，不其然矣。"就是这个道理。

至于兵马对垒、冲锋陷阵的事情，关系到一个国家的生死存亡。自古以来，一些聪明才智之士都已经著书立论，作为疆场战阵的策略。论到用兵高明的地方，或是仰观天文星象，或是参酌地理阴阳，谈及教导行军布阵，有时阵势看来宛如五行之状，有时又变幻为龙蛇鸟兽的形象。人类的聪明智慧，真是无所不至，可以表现在任何地方，譬如初入朝廷，站班陪侍，就要学习吉、凶、婚等礼仪，以及庆贺、吊问等应对容态举止，假如不谙熟此道，很容易弄巧成拙，违背法度，贻笑大方。譬如孔子入鲁国太庙，凡是不明白的地方都不耻下问，这样才能免除错误。用兵又何尝不是如此呢？

一个统御大军的将领，所指挥成千上万的士卒都是来自乡间的市井小民。如果将领内心成竹在胸，进退之道无不了然，鸣金击鼓，掌握着冲锋的最佳时机；行军布阵，随着高山流水，地形俯仰而变化；静若处子，动若狡兔，以我军之最大便利，攻敌人所救之不及，胜败不过是转瞬间的事情罢了。对于上述种种状况的变化，一方面要随机应变，因时制宜；另一方面要牢记古代作战经验的教训。假如不能让我军人人团结一致，合力协同，又怎能使将士人人奋勇争先，锐不可当，无可匹敌呢？

以我个人的小小心得而言，如果只是纸上谈兵而想要得到论兵的精华，恐怕是相当困难的。但是在训练军队方面，至少要让他们能做到闻鼓而进、鸣金而止的地步。这样一来，无论是行是退，左抽右旋尽在掌握之中，其余能够明白旗帜指挥，熟练武器操作也就可以了。

至于将领御兵抚下的办法，古来有替病卒吸吮病痈，有投醪分酒，有挟纩之感的史实存在。总之，就是要使军令推行顺利，赏罚公平就可以了。如此一来，便能达到强将手下无弱兵，战无不胜，攻无不克。更何况是以至仁伐不仁，兴义师讨逆贼，堂堂正正，吊民伐罪的王师。古来明证不少，在此就不一一列举了。

过去时贤名流很难把用兵之事正确地说明出来，往往诡秘地说是神奇的征候，造成大家有种高深莫测之感，而让士卒在他顾盼之下，追随前进。古语曾说"天时不如地利，地利不如人和"，才是真正讲求用兵之术的主旨。春秋、战国时期孙武所著的兵法十三篇，乃是谈用兵之道的经典作品，我们从而可以了解过去用兵制胜，都不脱他所说的理论。所以现在挑选一些与孙武兵法主旨相一致的史实，分门别类排比一起，希望借着这一部分的编纂，能够看出一些战争成败的得失关键所在。

孙子论兵

孙子说："用兵之道为国家大事，关系到国家的生死存亡，不能不特别注意。"因此，综合用兵的状况、时机、敌我的形势等，归之于所谓"五校"的办法：第一是"道"，即以道德教化来感召；第二是"天"，就是以恩惠普施于人民；第三是"地"，以慈悲仁爱安抚百姓；第四是"将"，规划经国理民的策略；第五是"法"，制作法令格式以为人民所遵循。

再进一步将上述的"五校"详细阐述。所谓"道"，就是使国家上下一体，君民一心，以政令为导引，用礼乐教化，如此一来，人民都能乐于为国家效忠尽死，不会萌生丝毫的背叛离弃之心。所谓"天"，就是能顺应阴阳寒暑、季节变化，因时制宜，施惠于民。所谓"地"，即观察地形地势，远近险安，寻出应对方案，让人民能够安居乐业。

作战这件事，如果在战争爆发以前能多方计划，深思熟虑，胜算自然较大；反之，少算者自然将归于失败的命运。换句话说，能多算者必定胜于少算者，而少算本已难免遭受覆败之局，那么未算者不值得一提了。我们如用这一角度来观察，胜负之分，也就显而易见了。

大凡用兵，每日耗费千金，然后才能募集到十万大军；如果征发军队而不用，很容易陷入国家经费困乏的地步。一支军队久不作战，便易于挫掉初时的锐气，慢慢地战斗力消弭而补给也感到缺乏，这时候环伺在外、虎视眈眈的强敌就会趁着我们内部不协、弊端滋生的机会来攻打，如果碰到这种情况，那即使是再聪明睿智的能臣也无法挽救这一危局了。

用兵作战，讲究的是略与速。即使在战略上稍见笨拙，但只要军行神速也可以弥补策略的不足而得胜，从来没有以投机取巧地用兵而能维持长久不败的例子。因此，擅长用兵的大将之才，从不会一再地募役士兵或征收粮草，消耗本国的物质来养兵；粮草补给等一切物资都必须取之于敌人，因而敌弱我富，军食充足而不虞有缺。从来也不曾有作战用兵旷日废时而反对国家有利的事情，那些无法完全了解战争破坏之巨的人，根本不能体会用兵的大利所在。

真正用兵作战，能够不战而屈人之兵，保全敌国，使之归服，才算达到战争艺术的最高境界；其次是击败敌军，屈服敌军，使其降服为高，破敌军又在其次。不大肆杀戮，使士卒投降为上，杀卒又其次。能够百战百胜，并非是最完美的境界，战争总难免有杀戮损失，能不战而屈人之兵，才是作战艺术的极致。

所以，国君对军队的忧虑，主要是不知如何让军队进退有致，当进而进、应退而退。如果是这样不知进退的军队，我们就称它为"縻军"，意思是国君不知道如何指挥军队，但又将一切指挥权紧抓不放。国君如果不了解军中状况，偏偏又事事插手，将会造成军士无所适从；国君不了解军队权力运作体系，而又想握着三军的指挥权柄，军队作战必定要失败，因为他们不知何所适从，军令不专，人心不一，作战时迟疑不决，很容易导致全军覆没的悲惨命运。

叙兵

中国在作战上利用坚甲利兵来攻城陷阵，历史已经很久了。

周朝在井田制的基础之下实施兵制，《周礼》记载夏官负责掌理兵戎军事；天子拥有六军，大国三军，次国二军，小国一军。利用冬季农闲的时候，召集民众，练习武艺，讲解作战的技术。如果有诸侯欺侮弱小国家，天子就出兵讨伐，并将其土地削减；如果有了作战兴师及残害人民的情形，则讨伐以后便废掉该国国君，改立贤能的人担任；如果任凭土地荒废，导致百姓流落他乡，天子也一样会削减他的领土；如果顽冥不灵，不服号令，就发动正义之师加以讨伐；如诸侯国有叛乱，或弑君逐君等情况，就兴师歼灭。这些都是天子用军队来防止诸侯国发生暴乱、僭越等情形，兵戈是用来安邦定国、治民理政的一种工具。

等到周天子势衰，诸侯势盛以后，齐、晋、吴、楚相继称霸，相互并灭，直到战国时代七雄并峙为止，纷争不息。兵戎不停，也产生了许多著名的兵学家。东汉班固曾说道，"在这段期间，吴国有孙武，齐国有孙膑，魏国有吴起，秦国有商鞅"，这些人都是声名最大的战略家、兵法家，他们擒敌制胜的事迹，史书记载得很清楚。比如齐愍王统率的士卒都擅长技击攻守之法，魏惠王的武士勇健奋发，秦昭王也以其猛锐之士而屡战屡胜，各自擅长一时。

齐国的士兵擅长技击，每斩敌一人可以得到黄金赏赐。如碰到小战役或敌军较为脆弱，即使是苟且之徒也可以上战场；但如遇到巨大战役或坚强的敌军，就显得溃散离心，不复成军。这种军队可说是亡国的军队。

魏国的士兵身上穿着三重坚厚的盔甲，手上拿着十二石重的弓弩，背负着五十只箭，执戈佩剑，能够携带三日粮食，一天之中长驱百里之远。如果士兵能达到上述的标准，由政府免除他的赋税，并给他良田美屋。但是如此奖励战士的结果，魏国的土地虽然辽阔，税收必然减少，而士兵的体力，几年以后再已无法负荷如此的标准，所以魏这种军队可说是衰弱国家的军队。

那么秦国的人民又如何呢？秦国人民土地狭小，生活非常困苦，但政府役使人民却极严苛。人民习惯于赏赐庆祝，而政府也用严刑峻法来治理他们，因此使人民感到如果要获得国家的优待，便只有由作战积功，有多少战功就可以得到多少赏赐，比如士兵作战斩首五级就能隶役五家，对士兵和人民极具吸引力，所以秦国能四代称雄于天下。但是，秦国的军队也有他们的弱点，由于士兵都是追求赏赐利禄之徒，不能守节持志，长图久计，虽然秦国因用兵而地广兵强，但常常恐惧天下人都联合起来反抗他们的统治。

这样说起来，像齐桓公、晋文公这样讲求"尊王攘夷"之道的军队，虽进入周王畿而尚能有所节制，但仍然没有一本仁义之师的基本观念。因此，齐国讲究技击的士兵，抵不过魏国的武士，魏国武士敌不过秦国的猛锐之卒，秦国猛锐之卒无法挡得住齐桓公、晋文公有节制的军队，而齐桓、晋文的军队又无法与商汤、周武王吊民伐罪的仁义之师相匹敌。

老子曾说："最善于统御军队者不布阵，善于布阵者不作战，善于作战者不败，熟于败战者就不致遭到全军覆没的命运。"舜建立百官制度，以仁义教化施于蛮夷猾夏，盗匪贼类、奸伪欺诈等事就没有施展的机会，这就是所谓的精于军者不布阵的典型。商汤、武王吊民伐罪，兴兵誓众，放夏桀，擒商纣，就是所谓的善阵不战的典型。齐桓公、晋文公，南服强大的楚国，使楚朝贡于周天子；北伐山戎，保存燕国，存亡国、继绝世，当上霸主，就是所谓的善战不败的典型。春秋末年楚昭王因被吴王阖闾灭国而出亡，楚国父老送行于道旁，昭王说："父老请回吧！我出亡了，将来还会有新国君来治理你们啊！"父老回答说："楚国有大王这样的国君，称得上是贤明之主。"于是纷纷追随昭王流亡；另有人奔走秦国，号哭于秦廷，劝请秦王出兵救楚，秦王受了楚国国民的感动而兴师救楚，昭王得以回到故国，这就是所谓善败不亡的最佳典型啊！

又如秦国积四代以来战胜之功，拥有山河险阻的天然屏障，任用白起、王翦等勇猛之将，灭六国，统一天下，穷兵黩武，奸谋诡诈，人民士卒哪里会衷心归顺？甚至连刑徒奴隶都还要起来反抗，与秦为敌呢？果然，旋踵间，秦朝就被推翻了。

管仲说："统军之道，在于积蓄国家财富、严整军队、制造兵器、精选士卒、律一号令。谙熟武艺，遍知天下地形风物、关隘河津、将帅能力、士卒勇敢怯弱，以及了解时机等，这八项都能掌握，就可以无敌于天下。因而军队还未出国境，敌国就归顺了。八项条件都具备了，然后才能维持天下秩序。"又说："大凡人之所以防御或进攻，战而不退，至死都能对统帅效忠，有几个因素。最重要的是父母亲戚祖坟所在，其次是良田美宅足以安居乐业，不然是邻里乡党家族共聚，所以心怀愉悦，再不然就是国君政教风俗爱民深厚，再者就是山林水泽蕴藏富厚足以为生、或是刑赏罚公平而严酷使人民害怕，或对乱人怀有深仇大恨，或是曾为国君立过大功。"管子的分析真是精辟无比。现在看看我们的军队如何呢？凭恃着对国君不忠不信的士卒，企图以这批不能为国效忠、不能守卫乡土的人民，加上顽劣的将领、不习作战的军队，而心存侥存，妄想得到胜利的果实，不啻是痴人说梦，不会有什么效果的。

立军

周代的制度，一万二千五百人为一军，军的将领以卿来担任；二千五百人为一师，统率师者以中大夫担任；五百人为一旅，以下大夫担任旅帅；一百人为一卒，卒长为上士；二十五人为一两，以中士为两司马；五人为一伍，每伍设伍长统率。

春秋时期，管仲说服齐桓公，将户制与兵制合而为一。以五人为伍，由轨长指挥；十轨为里，五十人称为小戎，由里有司率领；四里为连，二百人称为卒，由连长统率；十连为乡，两千人为旅，由乡良人统率；五乡为帅，万人为一军，由帅率领。另外，兵学大师司马穰苴说五人为伍，十伍为队，一军总共有二百五十队。

另有一种说法是军队编组，一个人称为独，二个人为比，三个人叫作参，比与参加起来称为伍。五个人为列，每列有头；二列为火，每火有长；五火为队，每队有头；二队为官，每官有长；二官为曲，每曲有候；二曲为部，每部有司马；二部为校，每校有尉；二校为裨，每裨有将；二裨为军，每军有将军与副将军。

至于大唐帝国卫国公李靖兵法则说，凡是大将军统兵出征，大约率领二万人，分为七军；有时候也临时更改，随时制宜。将其中约十分之三的军队充作奇兵，以应付紧急情况发生。它的编制是：中军有四千人，其中战兵为二千八百人，以五十人为一队，共五十六队；战兵里弩手四百人、弓手四百人、马军千人、跳荡五百人、奇兵五百人。左、右虞候各指挥一军，每军各有二千八百人，其中战兵有一千九百人，分为七十六队；战兵里弩手三百人、弓手三百人、马军五百人、跳荡四百人、奇兵四百人。另外左、右厢各有二军，每军各有二千六百人，其中战兵有一千八百五十人；战兵里弩手二百五十人、弓手三百人、马军五百人、跳荡四百人、奇兵四百人。马军和步兵合计共一万四千人，分为二百八十队。

现在唐代中叶的兵制则是每军有大将一人、副将二人、判官二人、典四人、总管四人、子将八人、执鼓十二人、吹角十二人。司兵、司仓、司骑、司胄、城局各一人。每一队五十人，有押官一人、队头一人、副二人；旗头一人、副二人；火长五人。

用兵之道

料敌制胜　敌十五形帅十过　察而后动　验虚声知无实　敌降审察　间谍　行师先在量力不可穷兵　临敌易将　军政不一必败　军无政令败　推诚示信　示义　抚士　明赏罚　赏宴不均致败　行赏安众　分赏取敌　行赏招降　示惠招降　军师志坚必胜　军将骄败　敌屡胜骄不备可败　军行自表异致败　师行众悲恐败　声感人　守则有余　守拒法　示弱　示怯　示缓　声言击东其实击西示形在彼而攻于此　示无备设伏取之　示强　敌军攻城久不下师老击之　佯败引退取之　伪称败怠敌取之　引退设伏取之　声言退诱敌破之　引退设伏潜　兵袭其营　设伏引敌斗袭其营　示退乘懈掩袭　敌退追奔　纵敌退于归路设取之　兵机务速　掩袭　甘言厚币乘懈袭之　避锐　坚壁持久候隙破之　坚壁挫锐　不战挫锐　敌饥以持久弊之　因敌饥乘其弊而取之　因敌三鼓气衰败之　致敌力疲夹攻败之　阵久疲致败　出其不意

击其不备　先设备而胜　以逸待劳　师不袭远　饵敌取胜　军胜虏掠被追袭败　抽军　卑辞怠敌　称降及和因懈败之　两军相对取背破之　两军相对继遣军助即胜　兵多力有余宜分军相继我寡敌众自远至乘疲败之　挑战　敌处高勿攻　敌党急之则合缓之则离　假托安众　行军下营审择其地　乡导　下营斥候亦防捍及分布阵　先据要地及水草识水泉隔山取水越出度险　据仓廪　攻其必救　先取根本　军师伐国若中路城大兵多须下方过　必攻其易　轻易致败　乘敌乱而取之　分敌势破之　审敌势破之　布阵大势分易败　惜军势　力少分军必败　按地形知胜负　自战其地则败　据险隘　塞险则胜否则败　死地勿攻总论地形　励士决战　众寡势百相悬励士攻其师　乘卒初锐用之　激怒其众　围敌勿周　围师量无外救缓攻取之　攻城战具　绝粮道及辎重　火攻　火兵　火兽　火禽　火盗　火弩　乘风取胜　水攻　水平　水战具　敌半涉水击必胜　军行渡水　御敌水军绝下流败之　因机设权　多方误之　先攻其心　夺敌心计　敌无固志可取之　归师勿遏　大阵动则乱因乘而败之　先设伏乘势逐敌败之　乘胜　乘势先声后实　因敌　惧遂取之　推人事破灾异　散众　风云气候杂占

七、刑

　　以前史书说道，人生于世，所谓万物之灵；然而人的爪牙无法维持人的口腹满足，行进奔走又不能躲避危险，再加上没有像鸟兽一样的毛羽来抵御寒暑侵害，所以必须役使动物来养活生计，尚智用脑而不凭借力气。也因为人相当脆弱，如果人不亲爱就不能合群，不合群就无法胜过万物；人群聚在一起，必然有君的产生，顺着国君的路子发展下去，就出现王。

　　由于人民群居在一起，生活在一起，不免有喜怒交争冲突等情形发生，于是而有刑罚的设立。

　　古人又说圣人作五刑，大刑用甲兵，次刑用斧钺，中刑用刀锯，次用钻凿，薄刑用鞭扑；大刑陈军于原野，小刑施于市朝。又说，一个家庭不能没有鞭扑之教，国家不能废止刑罚之教；只是施用刑法的时候要有本末轻重次序的分野，不能滥用无度罢了。

刑制

　　《周礼》秋官掌理刑罚，春秋时期郑国子产铸刑鼎，此后历秦汉魏晋都有刑法的规定。以下将各朝代有明确律令篇目略举，以概观刑制的内容。

　　梁　王亮定律二十篇

刑名、法例、盗劫、贼叛、诈伪、受赃、告劾、讨捕、系讯、断狱、杂、户、擅兴、毁亡、卫宫、水火、仓库、厩、关市、违制。

北周 保定三年（公元563年）拓跋迪定新律二十五篇

刑名、法例、祀享、朝会、婚姻、户禁、水火、兴缮、卫宫、市廛、斗竞、劫盗、贼叛、毁亡、违制、关津、诸侯、厩牧、杂犯、诈伪、请求、告言、逃亡、系讯、断狱。

杖刑

分五等：杖十、二十、三十、四十、五十。

鞭刑

分五等：鞭六十、七十、八十、九十、百。

徒刑

分五等：

徒一年者，鞭六十、笞十。

徒二年者，鞭七十、笞二十。

徒三年者，鞭八十、笞三十。

徒四年者，鞭九十、笞四十。

徒五年者，鞭百、笞五十。

流刑

分五等：

流卫服去皇畿二千五百里者，鞭百、笞六十。

流要服去皇畿三千里者，鞭百、笞七十。

流荒服去皇畿三千五百里者，鞭百、笞八十。

流镇服去皇畿四千里者，鞭百、笞九十。

流藩服去皇畿四千五百里者，鞭百、笞百。

死刑

分五等：磬、绞、斩、枭、裂。

北齐　武成帝河清三年（564）高叡定律十二篇

名例、禁卫、户婚、擅兴、违制、诈欺、斗讼、贼盗、捕断、毁损、厩牧、杂。

隋　高颎定新律

死刑：绞、斩。

流刑：流千里、一千五百里、两千里。

徒刑：徒一年、一年半、二年、二年半、三年。

杖刑：杖六十、七十、八十、九十、百。

笞刑：笞十、二十、三十、四十、五十。

十恶：谋反、谋大逆、谋叛、恶逆、不道、大不敬、不孝、不睦、不义、内乱。

苏威、牛弘定新律十二卷

名例、卫禁、职制、户婚、厩库、擅兴、贼盗、斗讼、诈伪、杂律、捕亡、断狱。

大业三年（公元607年）定大业律十八篇

名例、卫宫、违制、请求、户、婚、擅兴、告劾、贼、盗、斗、捕亡、仓库、厩牧、关市、杂、诈伪、断狱。

唐　开元二十五年（公元737年）令

五刑：笞、杖、徒、流、死。

十恶：谋反、谋大逆、谋叛、恶逆、不道、大不恭、不孝、不睦、不义、内乱。

八议：议亲、议故、议贤、议能、议功、议贵、议勤、议宾。

八、州郡

古代帝王立国治民，将全国疆土划分为若干的区域，也就是设州分郡的制度最初始于五帝。五帝时期所强调的是以道德教化来感召四夷，并不一味主张封疆领域的广阔或狭隘。

尧舜时期，地不过数千里，东到大海，西界流沙，甚至连南方苗蛮之地也普遍接受中国文化的教化熏陶，这是五帝至高无私的德行感召所致。殷武丁、周成王时，东方远抵江南，西方的氐、羌，南方的荆蛮、北方的朔方都感染了三代的大仁。等到秦帝国削平六国，南取百越，北逐匈奴，筑长城于黄河河套之外，疆土虽极广而国亡，主要原因就是本身的残暴所致的后果。

汉武帝兴师灭朝鲜、闽越，开通西南夷，遣使通西域，北却匈奴，导致帝国为之动荡不安，民不聊生。武帝晚年也极为悔恨当年的贸然兴兵，引咎自责，下诏表示后悔哀痛之意，停罢轮台屯田驻军。因而汉帝国所以能转危为安，还幸亏是汉武帝的觉悟啊！近代的隋炀帝逐吐谷浑，开通西域，招来突厥，三次征伐高丽，遂致身亡国灭，不也就是近代的殷鉴吗？

天生万民，所以立君治理，但是以一人治天下，不是让全天下来供奉君一个人，因此为人君者所忧虑的是道德不广，无由教化人民，而不是忧患武功不显赫，国土不广大。

秦汉以后的观念总认为向人民重敛暴征，国家才会富庶，士卒众多兵力才会强盛，君主以开疆固边作为武功盛大，远方进贡当成道德吸引的表现。到处征伐略地，用人民的鲜血生命去换取没有耕种价值的土地，如此，小则天下怨恨，群盗四起，大则殒命族灭，遗恶万年，历代的事实不就是这样吗？这样说来，五帝三王是足以作为后代的师范。

过去论述地理形势的学者极多，大部分着重在分辨区域、了解历史演变与地形要害关隘、观察风土等，一点一滴都记载下来，一草一木都不遗漏，篇幅动辄长达数百卷轴，这哪里是掌握机要利害呢？假如要遍记杂说，又何必加以编纂剪裁呢？因此在州郡门的节略，读者应该不会就此责怪吧！

序目

远古黄帝治有天下万国，一切都呈现着祥和安宁的景象，到少皞氏之后，天下衰乱，制度方面就无法闻考。尧的时候因为遭受洪水肆虐为患，命令禹平服水土，一仍以往，分天下为冀、青、兖、扬、雍、荆、豫、梁、徐九州，舜在位时则分为十二州，所以《虞书》说："肇有十二州也。"

夏朝建立后，共分九州，禹会诸侯于涂山时天下也号称万国。夏四百年中，列国相互兼并，至殷汤革命时存在的国家只余三千多国。商有天下六百年，到周初仍有一千八百国。周分天下为九畿，地方方千里的称为王畿，以外为侯畿，再外为甸畿，其次为男畿、采畿、卫畿、蛮畿、夷畿、镇畿、藩畿等，每畿相距各以五百里为限。周成王时分天下为九州，分别是扬、荆、豫、青、兖、雍、幽、冀与并州。其后诸侯兼并，天下有一千二百国；周平王东迁洛邑以后二百四十二年间，各相攻伐，吞灭者不可胜数，见于《春秋》经、传者就高达一百七十多国，况且蛮、夷、戎、狄还不在内。最后到周朝末年，天下只剩下七国而已。

秦帝国统一天下后，分全国为四十郡，疆域西至临洮，北抵沙漠，东、南两面都临大海。汉兴置郡、国，分为十三州，即司隶、并、荆、兖、扬、荆河、冀、幽、青、徐、益、交与凉州；到哀帝、平帝之际，全国新设置郡国有六十三，加上秦置的四十郡，共有一百零三郡，县一千三百一十四，道三十二，侯国二百四十一，疆域东西九千三百零二里，南北三千三百六十八里，这是汉帝国极盛时期的版图。东汉到灵帝、献帝时，郡国仍有一百零五，县、道、侯国一千一百八十，疆域东至乐浪，西抵敦煌，南达日南郡，北至雁门郡，西南接永昌郡，这种兴盛的景况并不逊于西汉时代。

三国时期，曹魏据有中原之地，分为十二州、六十八郡国，疆域东自广陵、寿春、合肥、沔口、西阳、襄阳，屯驻重兵以防备孙吴；西自陇西、南安、祁山、汉阳、陈仓，戍守重兵以防备蜀汉。蜀汉则有二州、二十二郡，并以汉中、兴势、白帝为全国重镇。孙吴则北据江南之地，南达大海，共分五州、四十三郡。但是自从三国鼎立以来，更相攻伐，互有胜负，各国边疆之地，有时占得，有时失却，并不十分固定。

晋武帝太康元年（公元280年）平吴以后，全国复归一统，又增设二十三个郡国，有一百五十六州、一千一百零九县。永嘉之乱，晋室南渡，屡次北伐都未成功，后政权转移于宋，犹与北朝相对峙，到隋文帝时天下又归于一。文帝开皇五年（公元585年）平吐谷浑后，全国共有一百九十郡、一千二百五十五县，疆土东西九千三百里，南北一万四千八百一十五里，东、南达于海，西界且末，北至五原，此乃隋代极盛时的版图。

　　唐代隋命，太宗贞观初年，分天下为十道，即关内道、河南道、河东道、河北道、山南道、陇右道、淮南道、江南道、剑南道与岭南道。太宗时代又北击突厥颉利可汗，西平高昌国，国土东西九千五百一十里，南北一万六千九百一十八里；唐高宗时平定高丽、百济，得海东数千里之地，开拓四境，扩展疆土达数千里。唐玄宗开元年间，重分天下为十五道，天宝年间共有三百二十八郡府，一千五百七十三县，国土东至安东都护府，西至安西都护府，南至日南郡，北至单于都护府，南北大约相等于西汉最盛时的距离，东稍不及，西则超出甚多。

古雍州

　　京兆　二十三县：万年、长安、鄠、蓝田、咸阳、醴泉、三原、云阳、泾阳、栎阳、高陵、渭阳、昭应、金城、富平、武功、宜寿、好畤、美原、同官、奉天、华原、奉先。

　　华阴　三县：郑、华阴、下邽。

　　冯翊　七县：冯翊、朝邑、白水、澄城、韩城、郃阳、河西。

　　扶风　九县：雍、扶风、郿、岐山、陈仓、麟游、岐阳、虢、普润。

　　汧阳　五县：汧源、汧阳、吴山、华亭、南田。

　　新平　四县：新平、三水、永寿、宜禄。

　　安定　五县：安定、阴盘、临泾、良原、灵台。

彭原　六县：定安、罗川、彭原、襄乐、定平、丰义。

安化　十县：安化、乐蟠、合水、马岭、方渠、同川、洛源、延庆、华池、怀安。

平凉　五县：高平、平凉、萧关、百泉、他楼。

灵武　六县：回乐、灵武、怀远、温池、安静、鸣沙。

五原　二县：五原、白池。

宁朔　三县：延恩、归仁、怀德。

洛交　五县：洛交、洛川、三川、直罗、甘泉。

中部　三县：中部、鄜城、宜君。

延安　九县：肤施、延安、延川、延水、延昌、敷政、临真、金明、丰林。

咸宁　五县：义川、云岩、门山、汾川、咸宁。

上郡　五县：龙泉、城平、绥德、延福、大斌。

银川　四县：榆林、抚宁、真乡、开光。

新秦　三县：新秦、连谷、银城。

朔方　四县：朔方、宁朔、长泽、德静。

九原　三县：九原、永丰、丰安。

榆林　二县：榆林、河滨。

安北府

天水　五县：上邽、成纪、陇城、清水、伏羌。

陇西　四县：襄武、陇西、渭源、鄣。

金城　三县：五泉、狄道、广武。

会宁　二县：会宁、乌兰。

安乡　三县：枹罕、大夏、凤林。

临洮　一县：临潭。

和政　三县：溢乐、佑川、和政。

宁塞　三县：广威、达化、米川。

西平　三县：湟水、龙支、鄯城。

武威　五县：姑臧、神乌、番禾、昌松、嘉麟。

张掖　二县：张掖、刚丹。

酒泉　三县：酒泉、福禄、玉门。

晋昌　二县：晋昌、常乐。

炖煌　二县：炖煌、寿昌。

伊吾　二县：伊吾、纳职。

交河　五县：高昌、交河、柳中、蒲昌、天山。

北庭　三县：金满、蒲类、轮台。

安西府

古梁州

汉中　六县：南郑、褒城、城固、金牛、西县、二泉。

洋川　五县：西乡、兴道、黄金、洋源、华阳。

上洛　五县：上洛、上津、商洛、丰阳、洛南。

安康　六县：西城、石泉、安康、洵阳、淯阳、平利。

房陵　四县：房陵、竹山、永清、上庸。

通川　七县：通川、三冈、石鼓、宣汉、新宁、永穆、东乡。

潾山　四县：流江、潾水、潾山、渠江。

南平　四县：巴、江津、南平、万寿。

涪陵　四县：涪陵、武龙、乐温、宾化。

南川　二县：南川、三溪。

泸川　六县：泸川、富义、江安、绵水、泾南、合江。

清化　十县：化城、清化、曾口、始宁、其章、归仁、恩阳、盘道、七盘、大牟。

始宁　四县：诺水、广纳、白石、东巴。

咸安　七县：大寅、仪陇、伏虞、咸安、大竹、艮山、宕渠。

符阳　三县：难江、符阳、地平。

巴川　六县：石镜、汉初、铜梁、赤水、巴川、新明。

南宾　五县：临江、丰都、垫江、南宾、桂溪。

南浦　三县：南浦、梁山、武宁。

阆中　九县：阆中、苍溪、晋安、西水、奉国、南部、新井、新政、岐坪。

南充　六县：南充、西充、相如、流溪、岳池、朗池。

安岳　六县：安岳、安居、普康、乐至、崇龛、普慈。

盛山　三县：盛山、万岁、新辅。

云安　四县：奉节、云安、巫山、太昌。

犍为　八县：龙游、玉津、夹江、峨眉、犍为、平羌、罗目、绥山。

阳安　三县：阳安、金水、平泉。

仁寿　六县：仁寿、唐福、贵平、井研、始建、籍。

通义　五县：通义、彭山、洪雅、青神、丹棱。

和义　六县：旭川、威远、公井、应灵、资官、和义。

资阳　八县：盘石、资阳、内江、丹山、龙水、月山、银山、清溪。

南溪　五县：南溪、义宾、僰道、开边、归顺。

河池　四县：梁泉、两当、河池、黄花。

武都　三县：将利、覆津、盘堤。

同谷　三县：上禄、长道、同谷。

顺政　三县：顺政、长举、鸣水。

怀道　二县：怀道、良恭。

同昌　四县：同昌、帖夷、尚安、钳川。

阴平　二县：曲水、长松。

油江　二县：油江、清川。

交川　三县：嘉诚、交川、平康。

合川　二县：合川、常芬。

益昌　六县：绵谷、嘉川、葭萌、景谷、益昌、允山。

普安　八县：普安、武连、阴平、梓潼、黄安、剑门、临津、永归。

巴山　九县：巴山、涪城、昌明、魏城、罗江、龙安、神泉、西昌、盐泉。

梓潼　八县：郪、射洪、通泉、盐亭、飞乌、元武、铜山、永泰。

遂宁　五县：方义、长江、蓬溪、青石、遂宁。

蜀郡　十县：成都、蜀、郫、新都、温江、新繁、双流、广都、犀浦、灵池。

德阳　五县：雒、什邡、绵竹、德阳、金堂。

濛阳　四县：九陇、导江、濛阳、唐昌。

唐安　四县：晋原、青城、新津、唐安。

临邛　七县：临邛、安仁、大邑、依政、蒲江、临溪、火井。

庐山 五县：严道、百丈、卢山、荣经、汉源。

通化 四县：汶山、石泉、汶川、通化。

临翼 四县：卫山、鸡川、翼水、昭德。

江源 三县：通轨、和利、谷和。

归诚 二县：左封、归诚。

静川 二县：悉唐、静川。

蓬山 二县：柘、乔珠。

恭化 三县：和集、博恭、烈山。

维川 三县：薛城、定广、小封。

云山 一县：定廉。

越巂 七县：越巂、昆明、苏祁、邛部、会川、台登、西泸。

云南 三县：姚城、长明、泸南。

洪源 三县：洪源、飞越、通望。

古荆河州

河南府 二十六县：河南、洛阳、汜水、告成、登封、缑氏、密、温、伊阙、伊阳、寿安、福昌、永宁、渑池、王屋、河阳、新安、巩、偃师、陆浑、阳翟、济源、颍阳、河阴、河清、长水。

陕 五县：陕、陕石、平陆、芮城、灵宝。

弘农 六县：弘农、阌乡、湖城、卢氏、玉城、朱阳。

临汝 七县：梁、郏城、叶、鲁山、龙兴、临汝、襄城。

荥阳 七县：管城、荥阳、中牟、新郑、荥泽、阳武、原武。

  陈留 六县：开封、浚仪、陈留、雍邱、封邱、尉氏。

  睢阳 十县：宋城、襄邑、楚邱、柘城、虞城、宁陵、单父、谷热、下邑、砀山。

  谯郡 八县：谯、临涣、永城、酇、真源、鹿邑、城父、蒙城。

  济阴 六县：济阴、成武、冤句、考城、南华、乘氏。

  颍川 六县：长社、鄢陵、长葛、临颍、许昌、扶沟。

  淮阳 六县：宛邱、项城、南顿、西华、太康、溵水。

  汝阴 四县：汝阴、下蔡、颍上、沈邱。

  汝南 十一县：汝阳、上蔡、平舆、郾城、西平、吴房、朗山、真阳、新息、褒信、新蔡。

  淮安 七县：比阳、慈邱、方城、湖阳、平氏、桐栢、泌阳。

  南阳 七县：穰、南阳、向城、内乡、菊潭、新野、临湍。

  武当 三县：武当、郧乡、丰利。

  襄阳 七县：襄阳、临汉、谷城、宜城、义清、乐乡、南漳。

  汉东 四县：随、枣阳、唐城、光化。

古冀州

  河内 五县：河南、脩武、获嘉、武德、武陟。

  汲郡 五县：汲、卫、新乡、共城、黎阳。

  邺郡 十一县：安阳、尧城、洹水、滏阳、内黄、邺、林虑、临河、汤阴、成安、临漳。

广平 十县：永年、鸡泽、曲周、清漳、邯郸、临洺、武安、洺水、肥乡、平恩。

巨鹿 九县：龙岗、南和、平乡、巨鹿、沙河、任、内邱、青山、尧山。

信都 九县：信都、南宫、堂阳、武强、下博、枣强、衡水、阜城、武邑。

赵郡 九县：平棘、元氏、昭庆、栾城、赞皇、高邑、栢乡、临城、宁晋。

常山 九县：真定、鹿泉、井陉、灵寿、槁城、九门、石邑、房山、行唐。

博陵 十一县：安喜、北平、鼓城、恒阳、新乐、义丰、望都、无极、唐昌、陉邑、深泽。

河间 六县：河间、博野、束城、乐寿、高阳、平舒。

文安 六县：鄚、清宛、任邱、文安、长丰、唐兴。

饶阳 四县：饶阳、安平、鹿城、陆泽。

上谷 八县：易、遂城、涞水、容城、满城、玉迴、楼亭、坂城。

范阳 十一县：蓟、归义、范阳、安次、固安、昌平、潞、永清、良乡、武清、广宁。

顺义 一县：宾义。

归化 一县：怀柔。

归德 一县：辽西。

妫川 二县：怀戎、妫川。

渔阳 三县：渔阳、三河、玉田。

密云　二县：密云、燕乐。

北平　三县：卢龙、石城、马城。

柳城　一县：柳城。

河东　八县：河东、桑泉、猗氏、安邑、解、虞乡、宝鼎、永乐。

绛郡　十一县：正平、曲沃、翼城、绛、闻喜、垣、夏、龙门、稷山、万泉、太平。

平阳　九县：临汾、襄陵、霍邑、冀氏、汾西、洪洞、神山、赵城、岳阳。

高平　六县：晋阳、陵川、沁水、端氏、高平、阳城。

上党　十县：上党、长子、潞城、壶关、铜鞮、武乡、屯留、黎城、涉、襄垣。

乐平　四县：辽山、榆社、和顺、平城。

阳城　三县：沁源、和川、绵上。

太宁　六县：隰川、太宁、石楼、永和、温泉、蒲。

文城　五县：吉昌、仵城、文城、吕香、昌宁。

西河　五县：隰城、介休、灵石、孝义、平遥。

太原　十三县：太原、晋阳、文水、阳曲、乐平、清源、太谷、祁、榆次、盂、寿阳、广阳、交城。

昌化　五县：离石、定胡、平夷、临泉、方山。

楼烦　四县：宜芳、合河、静乐、岚谷。

雁门　五县：雁门、五台、繁畤、崞、唐林。

定襄　二县：秀容、定襄。

安边　三县：灵邱、飞狐、安边。

马邑　二县：善阳、马邑。

云中 一县：云中。

单于府 一县：金河。

古兖州

灵昌 七县：白马、酸枣、胙城、灵昌、韦城、卫南、匡城。

濮阳 五县：鄄城、雷泽、临濮、范、濮阳。

济阳 五县：卢、平阴、阳谷、东阿、长清。

魏郡 十县：贵乡、元城、馆陶、临黄、莘、魏、顿邱、昌乐、朝城、冠氏。

博平 六县：聊城、博平、高唐、清平、堂邑、武水。

东平 五县：须昌、巨野、寿张、郓城、宿城。

平原 七县：安德、安陵、平原、蓨、平昌、将陵、长河。

乐安 五县：厌次、商河、阳信、渤海、蒲台。

景城 十二县：清池、长芦、乐陵、盐山、景城、弓高、饶安、南皮、东光、临津、鲁城、无棣。

清河 九县：清河、清阳、武城、漳南、临清、经城、夏津、宋城、历亭。

古青州

北海 七县：益都、北海、临淄、寿光、千乘、博昌、临朐。

济南 八县：历城、临济、章邱、丰齐、禹城、临邑、全节、亭山。

淄川　五县：淄川、长山、高苑、邹平、济阳。

高密　四县：诸城、莒、高密、安邱。

东莱　四县：掖、胶水、即墨、昌阳。

东牟　四县：蓬莱、文登、黄、牟平。

安东府

古徐州

彭城　七县：彭城、沛、滕、萧、丰、符离、蕲。

临淮　六县：临淮、宿迁、下邳、涟水、虹、徐城。

鲁郡　十一县：瑕邱、金乡、任城、邹、曲阜、泗水、干封、方与、中都、龚郡、莱芜。

东海　四县：朐山、东海、沭阳、怀仁。

琅琊　五县：临沂、沂水、承、费、新太。

古扬州

广陵　七县：江都、江阳、海陵、高邮、六合、扬子、天长。

淮阴　五县：山阳、盐城、盱眙、淮阴、安宜。

钟离　三县：钟离、定远、招义。

寿春　五县：寿春、安丰、霍邱、盛唐、霍山。

永阳　三县：清流、全椒、永阳。

历阳　三县：历阳、乌江、仓山。

庐江 五县：合肥、慎、巢、庐江、舒城。

同安 五县：怀宁、宿松、望江、太湖、桐城。

蕲春 四县：蕲春、黄梅、蕲水、广济。

弋阳 五县：定城、光山、固始、仙居、殷城。

宣城 十县：宣城、当涂、泾、溧水、溧阳、南陵、绥安、宁国、太平、青阳。

秋浦 四县：青阳、秋浦、至德、石埭。

丹阳 六县：丹徒、丹阳、句容、江宁、延陵、金坛。

晋陵 五县：晋陵、武进、汀阴、义兴、无锡。

吴郡 七县：吴、长洲、常熟、昆山、华亭、嘉兴、海盐。

吴兴 五县：乌程、武康、安吉、德清、长城。

余杭 九县：钱塘、富阳、临安、于潜、唐山、紫溪、盐官、新城、余杭。

新定 六县：建德、寿昌、桐庐、分水、遂安、还淳。

新安 四县：歙、休宁、黟、婺源。

会稽 六县：会稽、山阴、剡、萧山、余姚、诸暨。

余姚 四县：鄞、奉化、慈溪、翁山。

临海 六县：临海、始丰、乐安、宁海、黄岩、象山。

缙云 五县：苍、松阳、缙云、遂昌、青田。

永嘉 四县：永嘉、横阳、安固、乐城。

东阳 六县：金华、义乌、永康、武义、东阳、兰溪。

信安 六县：信安、须江、龙邱、常山、盈川、玉山。

鄱阳 五县：鄱阳、余千、乐平、浮梁、弋阳。

浔阳 三县：浔阳、彭泽、都昌。

章郡 六县：南昌、高安、丰城、新吴、武宁、建昌。

临川　四县：临川、南城、崇仁、南丰。

庐陵　五县：庐陵、泰和、安福、新淦、永新。

宜春　三县：宜春、萍乡、新喻。

南康　七县：赣、雩都、虔化、大庾、信丰、南康、安远。

建安　六县：建安、浦城、建阳、邵武、将乐、沙。

长乐　八县：闽、侯官、福唐、长乐、连江、长溪、吉田、尤溪。

清源　四县：晋江、南安、莆田、仙游。

漳浦　三县：漳浦、龙溪、龙岩。

临汀　二县：长汀、宁化。

潮阳　三县：海阳、潮阳、程乡。

古荆州

江陵　七县：江陵、枝江、松滋、当阳、公安、长林、石首。

夷陵　五县：夷陵、宜都、远安、长阳、巴山。

巴东　三县：秭归、巴东、兴山。

竟陵　三县：监利、沔阳、竟陵。

富水　三县：长寿、京山、富水。

安陆　六县：安陆、吉阳、应山、应城、云梦、孝昌。

齐安　三县：黄冈、黄陂、麻城。

汉阳　二县：汉阳、汉川。

江夏　五县：江夏、永兴、武昌、蒲圻、唐年。

义阳　三县：义阳、罗山、钟山。

长沙　六县：长沙、衡山、湘乡、益阳、浏阳、醴陵。

巴陵　五县：巴陵、沅江、湘阴、华容、昌江。

衡阳　六县：衡阳、湘潭、耒阳、攸、常宁、茶陵。

零陵　三县：零陵、湘源、祁阳。

江华　四县：营道、延唐、江华、永明。

桂阳　八县：郴、高亭、臣山、义昌、资兴、义章、高平、临武。

连山　三县：桂阳、阳山、连山。

邵阳　二县：邵阳、武冈。

武陵　二县：武陵、龙阳。

澧阳　四县：澧阳、慈利、石门、安乡。

黔中　六县：彭水、黔江、洪杜、洋水、信宁、都儒。

宁夷　四县：务川、宁夷、思印、思王。

卢溪　五县：沅陵、溆浦、辰溪、卢溪、麻阳。

卢阳　五县：卢阳、洛浦、招喻、常丰、渭阳。

灵溪　二县：大乡、三亭。

潭阳　三县：龙标、朗溪、潭阳。

清江　二县：清江、建始。

涪川　四县：涪川、多田、扶阳、城乐。

夜郎　四县：营德、夜郎、丽皋、乐源。

播川　四县：播川、遵义、芙蓉、琅川。

义泉　五县：绥阳、义泉、都上、洋川、宜林。

龙标　二县：峩山、渭溪。

溱溪　二县：营懿、扶欢。

古南越

南海 十二县：南海、番禺、增城、泫洭、东莞、清远、怀集、滇阳、永固、化蒙、宝安、四会。

始兴 六县：始兴、曲江、仁化、浈昌、翁源、乐昌。

义宁 二县：新会、义宁。

海丰 六县：归善、海丰、新宁、博罗、河源、雷乡。

恩平 三县：恩平、阳江、杜陵。

南陵 二县：阳春、罗水。

临贺 六县：临贺、桂岭、冯乘、荡山、富川、封阳。

高要 二县：高要、中兴。

感义 三县：镡津、感义、安昌。

晋康 四县：端溪、晋康、悦城、都城。

封 二县：封川、开建。

开阳 五县：泷川、开阳、建水、永宁、正义。

高凉 三县：良德、电白、保定。

连城 三县：岑溪、永业、连城。

新兴 三县：新兴、永顺、索卢。

铜陵 二县：富林、铜陵。

怀德 四县：信义、怀德、潭峩、特亮。

始安 十县：临桂、灵川、阳朔、荔浦、建陵、永丰、永福、理定、全义、纯化。

平乐 三县：平乐、永平、恭城。

蒙山 三县：立山、纯义、东区。

开江 三县：龙平、开江、思勤。

苍梧　三县：苍梧、戎城、孟陵。

浔江　三县：桂平、宣化、大宾。

临江　六县：平南、武林、隋建、大同、阳川、宁风。

郁林　五县：石南、郁林、兴业、兴德、潭粟。

平琴　四县：容山、怀义、福阳、古符。

安城　三县：岭方、琅琊、保城。

贺水　四县：上林、止戈、无虞、贺水。

常林　三县：常林、阿林、罗绣。

象郡　三县：武化、阳寿、武仙。

龙城　五县：马平、龙城、洛封、洛容、象。

融水　三县：融水、黄水、武陵。

朗宁　七县：宣化、朗宁、思龙、如和、武缘、封陵、晋兴。

怀泽　四县：郁平、怀泽、义山、潮水。

宁仁　四县：善劳、抚安、善文、宁仁。

宁浦　三县：宁浦、淳风、乐山。

横山　五县：都救、惠佳、武龙、横山、如赖。

修德　三县：来宾、修德、归化。

龙池　二县：龙池、盆山。

永定　三县：永定、武罗、灵竹。

招义　五县：石城、吴川、南河、招义、零绿。

南潘　三县：茂名、南巴、潘水。

普宁　六县：北流、普宁、陵城、渭龙、罗窦、欣道。

陵水　三县：石龙、陵罗、龙化。

南昌　五县：博白、建宁、周罗、龙豪、南昌。

定川 三县：南流、定川、宕川。

宁越 五县：钦江、灵山、遵化、内亭、保京。

安南 七县：宋平、朱鸢、龙编、太平、交趾、武平、平道。

武峨 五县：如马、武劳、武缘、梁山、武峨。

龙水 四县：龙水、崖山、东玺、天河。

忻城 一县：忻城。

九真 六县：九真、安顺、崇平、日南、无编、军宁。

福禄 二县：柔远、唐林。

文阳 四县：铜蔡、长山、其常、文阳。

日南 四县：九德、越棠、怀骥、浦阳。

承化 五县：嘉宁、承化、新昌、嵩山、珠绿。

玉山 三县：乌雷、宁海、华清。

合浦 四县：合浦、封山、蔡龙、大廉。

安乐 四县：常乐、思封、高城、石岩。

海康 三县：海康、遂溪、徐闻。

温水 四县：峨石、温水、陆川、扶桑。

温泉 三县：汤泉、绿水、罗韶。

临潭 四县：临江、波零、鹄山、弘远。

扶南 七县：武勒、武礼、罗龙、扶南、龙赖、武观、武江。

正平 八县：正平、福零、龙源、饶勉、思恩、武名、歌良、蒙都。

乐古 三县：乐古、古书、乐兴。

珠崖 四县：金城、澄迈、文昌、临高。

昌化　五县：义伦、昌化、感恩、洛阳、富罗。

延德　五县：宁远、延德、吉阳、临川、落屯。

琼山　五县：琼山、曾口、容琼、乐会、颜罗。

万安　四县：万安、陵水、富云、博辽。

九、边防

　　普天之下，日月所照，华夏民族居于天下正中央，生物受正气而秉天命，性情与顺和而才惠，物产富饶而繁多，所以才能孕育万民，降生圣贤，大施法教，拯弊利用。这就是为什么三皇五帝以下，每代都有圣贤出现的原因。人世间的秩序和谐，如君臣长幼的上下尊卑，五常十伦的教化伦理，人民家庭的孝慈恩爱等，都由于天子威盛而民风淳朴，权不分移而法教一统，达于富厚从化的境界，一切美好的契机可说是尽萃于华夏民族的身上，享有得天独厚的条件。

　　往昔的圣贤曾说过"失道而后失德，失德而后失仁，失仁而后失义，失义而后失礼"，真所谓人情日下，"削厚为薄，散醇为醨"。又说"古者，人至老死不相往来，不交不争，自求自足"。这种小国寡民，崇尚淳朴的追求，主要是针对时代的弊病，批评世俗重视巧美的风尚而萌生的。过去远古社会讲究的是淳朴之风，作为人民之间的敦促勉励。但是人之常情，往往喜欢批评当代而崇尚消逝的过去；远古朴质事少，固然值得歌颂向往，也并非没有鄙风弊俗。古代的华夏民族，其中不少和现在的"夷狄"一样，有些居处在巢穴，有些埋葬无封树，有些用手取食，有些祭拜立尸。在此只能略举一二，不能一一遍举。总之，那种圣贤所不能革除、诰训所不以为然、礼义所不能达到的地方，如来袭扰，我们必须抵御；如果他们退去，我们仍然需要防备。前代有识之士，就此说了很多了。

中国历代讲武兴师，讨戎"夷狄"，始于赢秦。自此以后，"夷狄"为患，可说是无代无之。秦始皇凭借着他统一天下、百战百胜的兵威，终究还是以遭受到匈奴威胁为最大的遗憾。汉武帝依靠文、景帝时代的休养生息，屯积储蓄，试图一举解决外患，一展大汉帝国的声威，不料天下危如累卵。王莽得位，建立新朝，立志消灭匈奴，却又遇海内哗然叛变，而至亡国；隋炀帝继承文帝开皇时代的富庶殷厚，三次亲征高丽，天下百姓为之劳苦埋怨，举国骚动，终至身殒国灭。

殷鉴不远，史实斑斑。要保持满盈固然困难，退一步说，要能知足常乐也不是一件容易的事情。历史上只有东汉光武帝深明其中的道理。光武帝建武时代一共有二十年的时光，人民安乐富足。当时臧宫、马援曾请求率兵讨伐匈奴，光武帝回答说：舍近而图远，必然辛劳而无功，舍远以图近，才能安逸而得始终，一心一意贸然兴师的国家必趋衰弱，而力求以德治民的国家必然强盛，能谨慎治理本国者，国家才会安定。因此，保盈知足，不只是治身之本，更是治理国家的要道啊！

我大唐帝国在玄宗开元、天宝年间，宇内祥和安静，但防守边疆的将领为了求功邀宠，不断兴师征伐，于是帝国西边有青海的戍兵，东北有天门的兴师，碛西有怛逻斯河战役，云南有远征渡泸水之役，战士战殁死于异地他乡者达数十万人。假如当时还有河北藩镇之叛，再加上天下征战不息，那么国家趋于败亡崩溃，恐怕也未可预料。前事不忘，后事之师，历代殷鉴不远，不就是如此吗？

东夷

东夷有九种：畎夷、方夷、千夷、黄夷、白夷、赤夷、元夷、风夷与阳夷。这些夷人都是当地土著，喜欢饮酒。

殷商末年，东夷势力逐渐兴起，分别迁居到淮河流域及泰山一带。周朝初年，封殷商太师国于东夷之地，恰巧碰上管叔、蔡叔之乱，招诱淮夷加入叛乱，幸好周公亲征才平定了乱事。后来徐夷曾一度僭号称王，周穆王命令楚国征讨而被灭掉。这些夷人在楚灵王时陆续加入楚国的联盟当中，辗转迁徙到琅琊一带，不断袭扰诸夏，吞灭小国。到秦始皇统一天下后，历史上所谓的淮夷、泗夷都成为秦帝国统治下的编户齐民了。

朝鲜则历国一千多年，至汉高祖时其国才亡。汉武帝元狩年间征服朝鲜，设立乐浪、临屯、真番、玄菟四郡；东汉末年，又为公孙康所占据。魏晋时期平服公孙氏，又占有此地。所谓三韩之地，偏处于海岛之上，位于朝鲜以南，是为百济、新罗；魏晋以后，分三韩地，新罗在百济的东南，倭国又位于更东南，其中有大海阻隔着。扶余在高丽以北，挹娄以南，其中倭与扶余等国从东汉起即向中国朝贡，百济、新罗自魏起历代向中国朝贡不绝。百济在大唐高宗显庆年间被苏定方所夷灭。

高丽本为朝鲜之地，汉武帝时设立郡县，分属乐浪郡统辖，当时国势甚为卑弱，东汉以后，累世受中国的册封。其国都在平壤，平壤是过去朝鲜国的险要之地，北魏、北周、北齐时国势渐强，隋文帝时经常寇掠辽西，隋朝汉王谅曾率兵讨伐，大军行至辽水，遭疠疾而返，炀帝也曾三次亲征。炀帝初渡辽水，败绩；

再次渡辽水，因后方发生杨玄感反叛而一度退师；后又行至涿郡，但当时国内已经形成动乱，叛乱四起，又遭遇饥馑，没有多久即告班师。唐太宗也曾亲征渡辽，击败高丽，至高宗总章初年唐遣派英国公李勣率兵灭掉它。

古代的肃慎，极可能就是魏时的挹娄。从周朝初年向中国朝贡，后来没有联系，直到曹魏常道乡公末年、东晋元帝初年以及石季龙时期才又向中国朝贡。北魏以后称为勿吉，现在唐帝国时称为靺鞨。

大致说来，东夷诸国书文与华夏相同。东夷中原有部分据有闽越之地，秦帝国统一后，以闽越地设为郡县。秦末天下大乱，东夷首领又自称为王。但到汉武帝元封初年，杨仆灭闽越，将夷人后裔迁徙到江淮之间，因此虽然他们后代子孙又丛聚于闽越之地，但此地早已成为郡县，从此不再复为中国之乱，而尽为汉文化所同化，成为华夏子民了。

东夷国家

朝鲜　濊　马韩　辰韩　弁辰　百济　新罗　倭　夫余　虾夷　高句丽　东沃　沮　挹娄　勿吉（靺鞨）　扶桑　女国　文身　大汉　琉球　闽越

南蛮

南蛮[①]在唐尧、虞舜时代，因为要派遣人质到中央王朝来作

---

① "蛮""夷"等词，为古籍中对我国周边少数民族的称谓，略带贬意。为叙述方便，对这类称谓，本书未做改动。

为安全的保证，所以称为"要服"。夏、商时势力渐大，构成严重的边患；尤其是周朝时，附从南蛮的族众愈多，国势愈盛，所以《诗经》说："蠢尔蛮荆，大邦为雠。"到楚武王时，蛮与罗子连兵共同击败楚的军队，杀掉楚将屈瑕；后来楚国军队大盛，南蛮乃臣服于楚。楚悼王时以吴起为相，南进蛮越之地，占有洞庭、苍梧等地；秦昭王命将讨伐楚国，占取蛮夷，设置黔中郡。

汉兴以后，南蛮仍不时寇盗，将西南夷人如夜郎等国一一平定，设置郡县。东汉时代叛服无常。南朝刘宋、萧齐以后，荆、雍二州分别设立校尉，负责安抚蛮人，而蛮的酋帅也屡世接受南北朝的封号爵位。

北魏、北周屡次征伐，到周平定梁、益之后，蛮人乃同化于华人；而唐帝国太宗贞观以后，则设置羁縻州，用以安抚蛮人。

南蛮国家

盘瓠种 廪君种 板楯蛮 南平蛮 东谢 西赵 牂牁 充州 獠 夜郎 滇 邛都 筰都 冉駹 附国 哀牢 焦侥 樺国 西爨 昆弥 尾濮 木绵濮 文面濮 折腰濮 赤口濮 黑僰濮 松外诸蛮

汉朝时与南海诸国交通往来。这些国家大抵位于交州南方或西南方，居于大海中的岛屿之上，每个国家相距有三五百里或三五千里，较远的则距离二三万里，往来交通依赖船舶，至于实际的距离无法确知。

汉武帝元鼎年中派遣伏波将军路博德开百越，设置日南郡，此后南海各国都来纳献朝贡；东汉桓帝时，大秦、天竺等国都由海道派遣使者到中国朝贡。孙权时遣宣化从事朱应、中郎康泰出使各国，二人所经过以及听到传闻的国家总共有一百多国。晋、宋、齐时海外国家遣使到中国来的还有十余国，而梁武帝、隋炀帝时代诸国使者来华又超过前代。大唐太宗贞观以后，声教远播，一些自古以来未通的国家，也经过多次翻译而到中国，其数目则远超过梁、隋时代。

海南国家

黄支　哥罗　林邑　扶南　顿逊　毗骞　千陀利　狼牙修婆利　槃槃　赤土　贞腊　罗刹　投和　丹丹　边斗　杜薄　薄刺　勃焚　火山　无论　婆登　乌笃　陀洹　诃陵　多篾　多摩长　哥罗舍分

西戎

西羌本源出于三苗，乃姜姓，国近于衡山。舜时迁居于三危，也就是汉朝金城西南的羌地。

西戎诸国居无定所，常随水草而迁徙，以畜牧为主要生产事业。自古以来国不立君臣，彼此之间不相统属，部落势力强大则为酋豪，势弱则为其他强族的依附。风俗则唯力是尚，杀人者偿命，除此之外，并没有什么法规禁令。他们的军队长处在山谷作战，短处为平地接战，作战不能持久，擅长偷袭、冲锋、游击。战士认为战死沙场是吉利的事情，以病死为不祥。他们的民众能够忍耐寒苦，与禽兽一样都有天生保护的本能。

夏、商时期屡对西戎加以挞伐，如武丁征西戎、鬼方，周穆王征大戎。至西周末年，幽王昏庸，西戎寇周，在郦山杀死周幽王；周平王只好东迁洛邑，此后渭水流域一带就有狄獂、邦冀戎、义渠戎、大荔戎、骊戎、杨拒戎、泉皋戎、蛮氏戎等，杂处于中国之地，经常与华夏国家会盟。

战国时代各国相继平定国内戎狄，中国稍无戎寇之患。秦始皇时由于全心全意向东方发展，西戎得此良机而繁息壮大。秦平定天下后，秦将蒙恬西逐诸羌出塞。汉朝初年，羌的势力还很微弱，汉武帝又开河西，置武威、张掖、酒泉、敦煌四郡，设立护羌校尉，宣帝时遣赵充国立屯田，招降羌人，置金城属国以安置羌人，从此，羌人宾服。

东汉自光武帝以来，羌人屡叛屡附，当时匈奴不复为患，而西羌反而是边疆最大的敌人。西晋永嘉之乱以后，吐谷浑兴起，吞并诸羌，占有西方之地，势力大增，国王自号为可汗，建立职官，成为西方一大强国。至隋炀帝时，遣观王雄大破吐谷浑，收西羌地，设置郡县、镇戍，其势力才稍转弱。

大唐肇建，西方又有吐蕃兴起。吐蕃国王又称为赞普，在唐高宗时灭吐谷浑，唐将军薛仁贵等与吐蕃大战，败于大非川；仪凤年中工部尚书刘审礼率兵十八万征讨，又败殁于青海；调露中中书令李敬玄又大败于大非川，到武则天如意初年王孝杰才大破吐蕃，收复龟兹等镇。万岁通天初年，吐蕃又寇掠梁州，唐都督许钦明战殁，后因吐蕃赞普杀掉名将论钦陵，才屡为唐军所败，而势力也不如往昔了。

西戎国家

羌无弋 湟中月氏胡 氐 葱茈羌 吐谷浑 乙弗敌 宕昌 邓至 党项 白兰 吐蕃 大羊同 悉立 章求拔 泥婆罗

西域从汉武帝开始才与中国交通往来，西域三十六国都在匈奴之西，乌孙之南，南北有大山，中间有河，东西六千余里，东方接汉帝国边界的玉门、阳关，西则以葱岭为限。

西域各国大都是当地的土著，营建城郭，耕种与畜牧兼而有之。各国都归匈奴统治，由匈奴日逐王负责西域的赋税。汉帝国自玉门、阳关出西域有两条道路：南道从鄯善至莎车，越葱岭，则出大月氏、安息；北道自车师至疏勒，逾葱岭，就到达大宛、康居、奄蔡、焉耆等国。

自从汉武帝时张骞通西域，霍去病击破匈奴，设武威、张掖、敦煌、酒泉四郡，而后李广利伐大宛，西域震惊，多遣使向汉朝贡。于是汉帝国东起敦煌，西至盐泽，纷纷设置亭障。但是二三十年间，屡兴大军，海内虚耗，国家财政也已窘困，汉武帝晚年非常悔恨，乃罢轮台屯田，不复遣军出征。

王莽时，天下动荡，四边扰乱，西域各国都与中国断绝往来，再度臣服于匈奴。东汉明帝时命将北征匈奴，才通西域于阗等国，这是六十五年断绝交通后的大事，同时设置都护、戊己校尉驻守西域。章帝时班超平定西域，汉朝声威远播，西域五十余国又派遣质子向中国朝贡。

魏晋以后，中国大乱，西域向中国朝贡的国家不过三四个而已。隋炀帝时遣侍御史韦节、司隶从事杜行满出使西域，各国又相率来朝，但隋末又已附属突厥。

大唐帝国太宗贞观四年（公元630年）击破突厥颉利可汗，在西域置西伊州；武则天如意初年王孝杰大破吐蕃，恢复龟兹、于阗、疏勒、碎叶四镇，于是诸国朝贡更盛于前代。但是中宗神龙以后，黑衣大食强盛，逐渐兼并各国，唐在西域的势力才稍逊于以往。

西域国家

楼兰　且末　杆弥　车师（高昌）　龟兹　焉耆　于阗

疏勒　乌孙　姑墨　温宿　鸟秅　难兜　大宛　莎车　罽宾　乌
戈山离　条支　安息　大夏　大月氏　小月氏　康居　曹国
何国　史国　奄蔡　滑国　嚈哒　挹怛　天竺　车离　师子
高附　大秦　小人　轩渠　三童　泽散　驴分　坚昆　呼得
丁令　短人　波斯　悦般　伏卢尼　朱俱波　渴槃陀　粟弋　阿
钩羌　副货　迭伏罗赊尔　石国　女国　吐火罗　劫国　陁罗
伊罗　越底延　大食

北狄

北狄以畜牧为业，逐水草而迁徙，没有文书，以言语作为命令。日常射猎禽兽，以其肉为食，其皮为衣，习于攻战。他们的牲畜较普遍的为马、牛、羊，较罕见的有橐、驼、驴、蠃、驮、騠、騊、駼、騨、騱等。

唐虞尧舜时有所谓山戎，夏则称为獯鬻，周为猃狁。周懿王时国势衰颓，北狄趁机袭扰泾阳一带，到周宣王时遣将讨伐，号称中兴，四夷宾服。春秋时期狄人势力颇盛，但先后为齐桓公、晋文公所败；到战国时期赵武灵王改变习俗，学习胡人骑射，改穿胡服，国势大为增强，北破林胡、楼烦，筑长城，自代沿阴山至高阙为要塞，以防备北狄。燕国袭破东胡，也筑长城；自造阳到襄阳，以攘拒胡人。

秦始皇平定天下，北逐匈奴，筑长城；秦末大乱，刘邦、项羽相持不下，匈奴头曼单于乘机收复北狄故地。匈奴至冒顿单于时，益加强盛，统一大漠南北，与汉帝国为敌。冒顿一度围汉高祖于白登山，后高祖采刘敬之策，和亲纳币，至文景二世都成为汉对匈奴的国策。

汉武帝开始对匈奴大加讨伐，霍去病、卫青多次出塞远征，通西域，匈奴势力才稍衰微；到汉宣帝时，匈奴国乱，有五单于争立，而呼韩邪单于南移，入塞称臣，向汉朝贡为藩臣，另一单于郅支远走康居，后为甘延寿所灭。

王莽辅政，将匈奴单于玺改为单于章，又将匈奴改为恭奴，单于遂叛汉，王莽又改为降奴，匈奴愈与汉为离。到东汉光武帝建武二十四年（公元48年），因国内饥疫肆行，人民死者颇多，又发生内乱，匈奴国才分裂为南、北单于。南单于入塞称臣，居于云中，后又移美稷；北单于在和帝时为窦宪所灭。

三国时期，曹操将南匈奴分为五部，安置于西河、离石诸郡。

乌桓在汉武帝时为汉移居上谷、渔阳一带，替汉朝侦察匈奴动静，汉特置护乌桓校尉以监督统率，三国初期被曹操所灭。

汉桓帝、灵帝之际，鲜卑又兴起，尽有过去匈奴故地。曹魏明帝以后，国乱离散，诸部大人如慕容、拓跋、宇文等更加强盛，占有中原之地。

漠北在魏晋时期又有蠕蠕兴起，到东、西魏时突厥崛起，灭蠕蠕，又尽有匈奴故地。突厥领袖称为可汗，北齐、北周争相交结，到隋唐之际，势力愈盛。唐高祖武德、太宗贞观初年屡寇中原，到贞观四年（公元603年），李靖率兵灭掉突厥，张宝相擒颉利可汗。此后直到玄宗开元年间仍然是叛服无常。

除此之外，还有侵唐帝国的契丹。契丹自武则天万岁通天初年，他们的首领李尽忠的孙子李万荣陷营州开始，不时袭扰东北边境，唐师先后讨伐，胜负互见，一直到李万荣被他自己的家奴杀掉，契丹党羽才告溃散，东北边境稍见和平。

北狄国家

匈奴　南匈奴　乌桓　鲜卑　轲比能　宇文莫槐　徒河段（务勿尘）　慕容氏　拓跋氏　蠕蠕　高车　稽胡　突厥　铁勒　薛延陀　仆骨　同罗　都波　拔野古　多滥葛　斛薛　阿跋　契苾羽　鞠国　俞枌　人漠　白霫　库莫奚　契丹室韦　地豆于　乌落侯　驱度寐　霫　拔悉弥　流鬼　回纥　骨利干　结骨　驳马　鬼国　盐漠念

附录

原典精选

附录　原典精选

旧唐书·杜佑传

杜佑字君卿，京兆万年人。曾祖行敏，荆、益二州都督府长史、南阳郡公。祖悫，右司员外郎、详正学士。父希望，历鸿胪卿、恒州刺史、西河太守，赠右仆射。

佑以荫入仕，补济南郡参军、剡县丞。时润州刺史韦元甫尝受恩于希望，佑谒见，元甫未之知，以故人子待之。他日，元甫视事，有疑狱不能决，佑时在旁，元甫试讯于佑；佑口对响应，皆得其要，元甫奇之，乃奏为司法参军。元甫为浙西观察、淮南节度，皆辟为从事，深所委信。累官至检校主客员外郎，入为工部郎中，充江西青苗使，转抚州刺史。改御史中丞，充容管经略使。杨炎入相，征入朝，历工部、金部二郎中，并充水陆转运使，改度支郎中，兼和籴等使。时方军兴，馈运之务，悉委于佑，迁户部侍郎、判度支。为卢杞所恶，出为苏州刺史。佑母在，杞以苏州忧阙授之，佑不行，俄换饶州刺史。未几，兼御史大夫，充岭南节度使。时德宗在兴元，朝廷故事，执政往往遗脱；旧岭南节度，常兼五管经略使，佑独不兼。故五管不属岭南，自佑始也。

贞元三年，征为尚书左丞，又出为陕州观察使，迁检校礼部尚书、扬州大都督府长史，充淮南节度使。丁母忧，特诏起复，累转刑部尚书、检校右仆射。十六年，徐州节度使张建封卒，其子愔为三军所立，诏佑以淮南节制检校左仆射、同平章事，兼徐泗节度使，委以讨伐。佑乃大具舟舰，遣将孟准先当之。准渡淮而败，佑杖之，固境不敢进。及诏以徐州授愔，而加佑兼濠、泗等州观察使。在扬州开设营垒三十余所，士马修葺，然于宾僚间依阿无制，判官南宫僚、李亚、郑元均争权，颇紊军政，德宗知之，并窜于岭外。

十九年入朝，拜检校司空、同平章事，充太清宫使。德宗崩，佑摄冢宰，寻进位检校司徒，充度支盐铁等使，依前平章事。旋又加弘文馆大学士。时王叔文为副使，佑虽总统，而权归叔文。叔文败，又奏李巽为副使，颇有所立。顺宗崩，佑复摄冢宰，寻让金谷之务，引李巽自代。先是度支以制用惜费，渐权百司之职，广署吏员，繁而难理；佑始奏营缮归之将作，木炭归之司农，染练归之少府，纲条颇整，公议多之，朝廷允其议。

元和元年，册拜司徒、同平章事，封岐国公。时河西党项潜导吐蕃入寇，边将邀功，亟请击之。佑上疏论之曰：

臣伏见党项与西戎潜通，屡有降人指陈事迹，而公卿廷议，以为诚当谨兵戎，备侵轶，益发甲卒，邀其寇暴。此盖未达事机，匹夫之常论也。

夫蛮夷猾夏，唐虞已然。周宣中兴，猃狁为害，但命南仲往城朔方，追之太原，及境而止，诚不欲弊中国而怒远夷也。秦平六国，恃其兵力，北筑长城，以拒匈奴，西逐诸羌，出于塞外，劳力扰人，结怨阶乱，中国未静，白徒竞起，海内云扰，实生谪戍。汉武因文、景之富，命将兴师，遂至户口减半，竟下哀痛之诏，罢田轮台。前史书之，尚嘉其先迷而后复。盖圣王之理天下也，唯务绥静蒸人，西至流沙，东渐于海，在南与北，亦存声教。不以远物为珍，匪求遐方之贡，岂疲内而事外，终得少而失多。故前代纳忠之臣，并有匡君之议。淮南王请息师于闽越，贾捐之愿弃地于珠崖，安危利害，高悬前史。

昔冯奉世矫汉帝之诏，击莎车，传其王首于京师，威震西域，宣帝大悦，议加爵土之。萧望之独以为矫制违命，虽有功效，不可为法，恐后之奉使者争逐发兵，为国家生事，述理明白，其言遂行。

国家自天后已来，突厥默啜兵强气勇，屡寇边城，为害颇甚。开元初，边将郝灵佺亲捕斩之，传首阙下，自以为功，代莫与二，坐望荣宠。宋璟为相，虑武臣邀功，为国生事，止授以郎将。由是讫开元之盛，无人复议开边，中国遂宁，外夷亦静。此皆成败可征，鉴戒非远。

且党项小蕃，杂处中国，本怀我德，当示抚绥。间者边将非廉，亟有侵刻或利其善马，或取其子女，便赂方物，征发役徒。劳苦既多，叛亡遂起，或与北狄通使，或与西戎寇边，有为使然，固当惩革。《传云》曰："远人不服，则修文德以来之。"《管子》曰："国家无使勇猛者为边境。"此诚圣哲识微知著之远略也。今戎丑方强，边备未实，诚宜慎择良将，诚之完葺，使保诚信，绝其求取，用示怀柔。来则惩御，去则谨备，自然彼怀，革其奸谋，何必遽图兴师，坐致劳费。

陛下上圣君人，覆育群类，动必师古，谋无不臧。伏望坚保永图，置兵衽席，天下幸甚。臣识昧经纶，学惭博究，窃鼎铉之宠任，为朝廷之老臣，恩深莫伦，志恳思报，臧否备阅，刍荛上陈，有渎旒宸，伏深惶悚。

上深嘉纳。

岁余，请致仕，诏不许，但令三五日一入中书，平章政事。每入奏事，宪宗优礼之，不名；常呼司徒。佑城南樊川有佳林亭，卉木幽邃，佑每与公卿宴集其间，广陈妓乐。诸子咸居朝列，当时贵盛，莫之与比。元和七年，被疾，六月，复乞骸骨，表四上，情理切至，宪宗不获已，许之。诏曰：

宣力济时，为臣之懿躅；辞荣告老，行己之高风。况乎任重公台，义深翼赞，秉冲让之志，坚金石之诚。敦谕既勤，所执弥固，则当遂其衷恳，进以崇名，尚齿优贤，斯王化之本也。

金紫光禄大夫、守司徒、同中书门下平章事、兼充弘文馆大学士、太清宫使、上柱国、岐国公、食邑三千户杜佑，岩廊上才，邦国茂器，蕴经通之识，履温厚之姿，宽裕本乎性情，谋猷彰乎事业。博闻强学，知历代沿革之宜；为政惠人，审群黎利病之要。由是再司邦用，累历藩方，出总戎麾，入和鼎实。聿膺重寄，历事先朝，左右朕躬，夙夜不懈。命以诏册，登之上公，肃恭在廷，华发承弁，兹可谓国之元老，人之具瞻者也。

朕缵承丕业，思弘景化，选劳求旧，期致时邕，方伸引翼之仪，遽抗悬车之请。而又固辞年疾，乞就休闲，已而复来，星躔屡变，有不可抑，良用耿然。永唯古先哲王，君臣之际，臣有耆艾以求其退，君有优赐以徇其情，乃辍邓禹敷教之功，仍增王祥辅导之秩，俾养浩然之气，安于敬止之乡，庶乎怡得葆和，永绥福履。仍加阶级，以厚宠章，可光禄大夫、守太保致仕，宜朝朔望。

是日，上遣中使就佑第赐绢五百匹、钱五百千。其年十一月薨，寿七十八，废朝三日，册赠太傅，谥曰安简。

佑性敦厚强力，尤精吏职，虽外示宽和，而持身有术。为政弘易，不尚缴察，掌计治民，物便而济，驭戎应变，即非所长。性嗜学，该涉古今，以富国安人之术为己任。初开元末，刘秩采经史百家之言，取周礼六官所职，撰分门书三十五卷，号曰《政典》，大为时贤称赏，房琯以为才过刘更生。佑得其书，寻味厥旨，以为条目未尽，因而广之，加以开元礼、乐，书成二百卷，号曰《通典》。贞元十七年，自淮南使人诣阙献之，曰：

臣闻太上立德，不可庶几；其次立功，遂行当代；其次立言，见志后学。由是往哲递相祖述，将施有政，用乂邦家。臣本以门资，幼登官序，仕非游艺，才不逮人，徒怀自强，颇玩坟籍。虽履历叨幸，或职剧务繁，窃惜光阴，未尝轻废。夫《孝经》《尚书》《毛诗》、周易、三传，皆父子君臣之要道，十伦五教之宏纲，如日月之下临，天地之大德，百王是式，终古攸遵。然多记言，罕存法制，愚管窥蠡测，莫达高深，辄肆荒虚，诚为亿度。每念懵学，莫探政经，略观历代众贤著论，多陈素失之弊，或阙匡拯之方。臣既庸浅，宁详损益，未原其始，莫畅其终。尚赖周氏典礼，秦皇荡灭不尽，纵有繁杂，且用准绳。至于往昔是非，可为来今龟镜，布在方册，亦粗研寻。自顷缵修，年逾三纪，识寡思拙，心昧辞芜。图籍实多，事目非少，将事功毕，罔愧乖疏，固不足发挥大猷，但竭愚尽虑而已。书凡九门，计二百卷，不敢不具上献，庶明鄙志所之，尘渎圣聪，兢惶无措。

优诏嘉之，命藏书府。其书大传于时，礼乐刑政之源，千载如指诸掌，大为士君子所称。

佑性勤而无倦，虽位极将相，手不释卷；质明视事，接对宾客，夜则灯下读书，孜孜不怠。与宾佐谈论，人惮其辩而伏其博，设有疑误，亦能质正。始终言行，无所玷缺，唯在淮南时，妻梁氏亡后，升嬖妾李氏为正室，封密国夫人，亲族子弟言之不从，时论非之。三子，师损嗣，位终司农少卿。

清圣祖御制重刻通典序

稽古帝王，治天下之大经大法，以及累朝名物制度，因革损易之详，纷纶浩博，散见典籍，未有统贯。

唐宰相杜佑为为淮南节度书记时，始出己意，搜讨类次，勒成一书，名曰通典，为类八，为书二百卷，自唐肃代间，上溯唐虞。虽亦稍据刘秩政典及开元新礼诸书，要其网罗百代，兼总而条贯之，斯已勤矣。厥后郑樵广之，作通志；马端临续之，作通考。三书并行于世。

朕以其历年久远，颇有残缺，特命重为校正刊刻，以广其传，通典实先告竣。朕唯三书，各有意义。郑樵主于考订，故旁及细微；马端临意在精详，故间出论断。此书则佑自言：征于人事，将施有政。故简而有要，核而不文。观其分门起例，由食货以讫边防，先养而后教，先礼而后刑，设官以治民，安内以驭外，本末次第，具有条理，亦恢恢乎经国之良模矣。

书曰：学于古训，乃有获。为国家者，立纲陈纪，斟酌古今，将期与治，同道而不泥其迹。则是书实考镜所必资，岂以供博览而已哉，爰揭之以告读是书者。

乾隆丁卯冬十二月

通典·原序

唐左补阙李翰撰

儒家者流，博而寡要，劳而少功，何哉？其患在于习之不精，知之不明，入而不得其门，行而不由其道。何以征之？夫五经群史之书，大不过本天地设君主，明十伦五教之义，陈政刑赏罚之柄，述礼乐制度之统，究治乱兴亡之由，立邦之道，尽于此矣。非此典者，谓之无益世教，则圣人不书，学者不览，惧冗烦而无所从也。

先师宣尼祖述尧舜，宪章文武，七十子之徒，宣明大义，三代之道，百世可师，而诸子云云，猥复制作，由其门则其教已备，反其道则其人可诛。而学者以多阅为广见，以异端为博闻，是非纷然，塞胸满腹，顶洞茫昧而无系贯；或举其中，而不知其本原；其始而不要其终，高谈有余，待问则泥。虽驱驰百家，日诵万字，学弥广而志弥惑，闻愈多而识愈疑，此所以勤苦而难成，殆非君子进德修业之意也。

今通典之作，昭昭乎其警学者之群迷欤！以为君子致用在乎经邦，经邦在乎立事，立事在乎师古，师古在乎随时，必参古今之宜，穷终始之要，始可以度其古，终可以行于今，问而辨之，端如贯珠，举而行之，审如中鹄。夫然，故施于文学，可为通儒，施于政事，可建皇极。故采五经群史，上自黄帝，至于我唐天宝之末，每事以类相从，举其始终，历代沿革废置，及当时群士论议得失，靡不条载，附之于事，如人支脉，散缀于体。凡有八门，勒成二百卷，号曰《通典》。非圣人之书，乖圣人微旨，不取焉，恶烦杂也；事非经国礼法程制，亦所不录，弃无益也。

若使学者得而观之，不出户知天下，未从政达人情，罕经事知时变；为功易而速，为学精而要；其道直而不径，其文详而不烦，推而通，放而准，语备而理尽，例明而事中，举而措之，如指诸掌，不假从师聚学而区以别矣。非聪明独见之士，孰能修之？

淮南元戎之佐，曰尚书主客郎京兆杜公君卿，雅有远度，志于邦典，笃学好古，生而知之。以大历之始，实纂斯典，累年而成。杜公亦自为序，引各冠篇首，或前史有阙，申高见发明，以示劝戒，用存景行。近代学士，多有撰集，其最著者，御览、艺文、玉烛之类，网罗古今，博则博矣，然率多文章之事，记问之学。至于刊列百度，缉熙王猷，至精至粹，其道不杂，比于通典，非其伦也。

于戏！今之人贱近而贵远，昧微而睹著，得之者甚鲜，知之者甚稀，可为长太息也。翰尝有斯志，约乎旧史，图之不早，竟为善述者所先，故颇详旨趣而为之序，庶将来君子知吾道之不诬也。

通典·序

唐京兆杜佑君卿

佑少尝读书，而性且蒙固，不达术数之艺，不好章句之学。所纂通典，实采群言，征诸人事，将施有政。夫理道之先，在乎行教化；教化之本，在乎足衣食。易称聚人曰财。洪范八政，一曰食，二曰货。管子曰："仓廪实，知礼节；衣食足，知荣辱。"夫子曰：既富而教，斯之谓矣。夫行教化，在乎设职官；设职官，在乎审官才；审官才，在乎精选举；制礼以端其俗，立乐以和其心，此先哲王致治之大方也。故职官设，然后礼乐兴焉；教化黩，然后用刑罚焉；列州郡俾分领焉，置边防遏戎狄焉。是以食货为之首十二卷，选举次之六卷，职官又次之二十二卷，礼又次之百卷，乐又次之七卷，刑又次之大刑用甲兵，十五卷；其次五刑，八卷，州郡又次之十四卷，边防末之十六卷。或览之者，庶知篇第之旨也。本初纂录止于天宝之末，其有要须议论者，亦便及以后之事。

通典·食货门论曰

昔我国家之全盛也，约计岁之恒赋钱谷布帛五千余万其数具食货赋税篇下，经费之外，常积羡余，遇百姓不足而每有蠲恤。自天宝之始，边境多功，宠锡既崇，给用殊广，出纳之职，支计屡空，于是言利之臣继进而导行，割剥为务，每岁所入，增数百万。既而陇右有青海之师，范阳有天门之役，朔方布思之背叛，剑南罗凤之凭陵，或全军不返，或连城而陷，先之以师旅，因之以荐饥，凶逆承隙构兵，两京无藩篱之固，盖是人事，岂唯天时。

缅唯高祖、太宗，开国创业，作程垂训，薄赋轻徭，泽及万方，黎人怀惠，是以肃宗中兴之绩，周月而能成之。是虽神算睿谋，举无遗策，戎臣介夫，能竭其力，抑亦累圣积仁之所致也。

夫德厚则感深，感深则难摇，人心所系，故速戡大难，少康、平王是也；若敛厚而情离，情离则易动，人心已去，故遂为独夫，殷辛、胡亥是也。

今甲兵未息，经费尚繁，重则人不堪，轻则用不足，酌古之要，适今之宜，既弊而思变，乃泽流无竭。夫欲人之安也，在于薄敛，敛之薄也，在于节用，若用之不节，而敛之欲薄，其可得乎？先在省不急之费，定经用之数，使天下之人，知上有忧恤之心，取非获已，自然乐其输矣。

古之取于人，唯食土之毛，谓什一而税，役人之力，谓一岁三日，未有直敛人之财而得其无怨，况取之不薄，令之不均乎！自燧人氏逮于三王，皆通轻重之法，以制国用，以抑兼并，致财足而食丰，人安而政洽，诚为邦之所急，理道之所先，岂常才之士而能达也。民者，瞑也，可使由之，不可使因之，审其众寡，量其优劣，饶赡之道，自有其术。历观制作之旨，固非易遇其人。周之兴也，得太公；齐之霸也，得管仲；魏之富也，得李悝；秦之强也，得商鞅；后周有苏绰，隋氏有高颎。此六贤者，上以成王业，兴霸图，次以富国强兵，立事可法。其汉代桑弘羊、耿寿昌之辈，皆起自贾竖，虽本于求利，犹事有成绩。自兹以降，虽无代无人，其余经邦正俗，兴利除害，怀济世之略，韫致理之机者，盖不可多见矣。

农者，有国之本也。先使各安其业，是以随其受田，税其所植。焉可征求货币，舍其所有，而责其所无者哉？天下农人，皆当枲鬻，豪商富室，乘急贱收，旋致罄竭，更仍贵枲，往复受弊，无有已时，欲其安业，不可得矣。故晁错曰："欲民务农，在于贵粟，贵粟之道，在于使民，以粟为赏罚。"如此农民有钱，粟有所泄，谓官以法收取之也。诚如是，则天下之田尽辟，天下之仓尽盈，然后行其轨数，度其轻重，化以王道，扇之和风，率循礼义之方，皆登仁寿之域，斯不为难矣。

在昔尧、汤之水旱作沴，而人无捐瘠，以国有储蓄。若赋敛之数重，黎庶之力竭，而公府之积无经岁之用，不幸有一二千里水旱虫霜，或一方兴师动众，废于艺殖，宁免赋阙而用乏，人流而国危者哉？

通典·选举门评曰

夫人生有欲，无君乃乱，君不独理，故建庶官。昔有唐虞，皆访于众，则舜举八元八凯，四岳之举夔龙、稷、契，此盖用人之大略也。降及三代，择于乡庠，然后授任，其制渐备。秦汉之道，虽不师古，闾塾所推，犹本乎行，而郡国佐吏，并自奖擢，备尝试效，乃登王朝；内官有僚属者，亦得征求俊彦。暨于东汉，初置选职，推择之制，尚习前规，左雄议以限年，其时不敢谬举，所以二汉号为多士。

魏晋设九品，置中正，盖论阀阅，罕考行能，选曹之任，益为崇重。州郡之刺史、太守，内官之卿、尹、大夫，咸吏部所置；而辟召及乡里之举，旧式不替。永嘉之后，天下幅裂三百余祀，方遂混同，中间各承正号，凡有九姓，大抵不变魏晋之法，皆乱多理少，谅无足可称。

夫文质相矫，有如循环，教化所由，兴衰是系。自魏三主俱好属文，晋宋齐梁，风流弥扇，体非典雅，词尚绮丽，浇讹之弊，极于有隋。且三代以来，宪宗可举，唯称汉室，继汉之盛，莫若我唐。惜乎当创业之初，承文弊之极，可谓遇其时矣。群公不议救弊以质，而乃因习尚文，风教未淳，虑由于此。

　　缅征往昔，论选举者，无代无之，或云："官繁人困，要省吏员"；或云："等级太多，患在速进"；或云："守宰之职，所择殊轻"；或云："以言取人，不如求行"。是皆能知其失，而莫能究所失之由。何者？按秦法，唯农与战，始得入官。汉有孝悌力田贤良方正之科，乃时令征辟，而常岁郡国率二十万口贡止一人，约计当时推荐，天下才过百数，则考精择审，必获器能。自兹厥后，转益烦广。我开元天宝之中，一岁贡举，凡有数千，而门资、武功、艺术、胥吏、众名杂目，百户千途，入为仕者，又不可胜记，比于汉代，且增数十百倍，安得不重设吏职，多置等级，递立选限以抑之乎？

　　常情进趋，其慕荣达，升高自下，由迩陟遐，固宜骤历，方至何暇淹留著绩。秦氏列郡四十，两汉列郡百余，太守入作公卿，郎官出宰县邑，便宜从事，阙略其文，无所可否，责以成效，寄委斯重，酬奖亦崇。今之部符三百五十，郡县差降复为八九，邑之俊乂不得有之，事之利病，不得专之，八使十连，举动咨禀，地卑礼薄，势下任轻，诚曰徒劳难阶，超擢容易，而授理固然也。

　　始后魏崔亮为吏部尚书，无问贤愚，以停解日月为断，时沉滞者皆称其能。魏之失才，实从亮始。洎隋文帝，素非学术，盗有天下，不欲权分，罢州郡之辟，废乡里之举，内外一命，悉归吏曹，才厕班列，皆由执政，则执政参吏部之职，吏部总州郡之权。罔征体国推诚，代天理物之本意。是故铨综失叙，受任多滥，岂有万里封域，九流丛凑，抢才授职，仰成吏曹，以俄顷之周旋，定才行之优劣，求无其失，不亦谬欤！尔后有司尊贤之道，先于文华，辨论之方，择于书判，靡然趋尚，其流猥杂，所以阅经号为"倒拔"，征词同乎射覆，置"循资"之格，立选数之制，压例示其定限，平配绝其逾涯，或糊名考核，或十铨分掌，苟济其末，不澄其源，则吏部专总，是作程之弊者，文词取士，是审才之末者，书判又文辞之末也。

凡为国之本，资乎人氓，人之利害，系乎官政。欲求其理，在久其任，欲久其任，在少等级，欲少等级，在精选择，欲精选择，在减名目，俾士寡而农工商众，始可以省吏员，始可以安黎庶矣。诚宜斟酌理乱，详览古今，推仗至公，矫正前失。或许辟召，或令荐延，举有否臧，论其诛赏，课绩以考之，升黜以励之，拯斯刓弊，其效甚速，实为大政，可不务乎？

通典·职官门论曰

佑建中中，忝居户部，专掌邦赋，属河朔用师，经费或阙，百姓颇困，加赋攸难，欲期集事，实在省用，所以辄上议曰：唐虞稽古，建官唯百，夏商官倍，亦克用乂，周建六官，各有徒属，虽尚文去质，吏众事繁，然而条流不紊，职非重设。秦氏立制，多因时宜。汉初沿袭，后渐增广。光武建武六年，罢废四百余县吏职，十置其一。魏太和中，分命使臣，省州郡吏；正始中，又并合郡县等。晋太元六年省七百余员。隋开皇三年，废五百余郡。国家贞观初，省内官六百余员。

详设官之本，为理众庶，所以古昔计人置吏，故周官乡遂稍县畿，约人定员，吏无虚设。自汉魏晋隋暨于圣唐，皆因战争流离，征缮艰劳，即省吏职，存诸方策。晋荀勖、桓温俱有此议，息人救弊，何莫由斯。

昔皋繇作士，正五刑，今刑部尚书、大理卿是二皋繇也。垂作共工，利器用，今工部尚书，将作监是二垂也。契作司徒，敷五教，今司徒、户部尚书是二契也。伯夷秩宗，典邦礼，今礼部尚书、礼仪使是二伯夷也。伯益作虞，掌山泽，今虞部郎中，都水使者是二伯益也。伯冏太仆，掌车马，今太仆卿、驾部郎中、尚辇奉御、闲厩使者是四伯冏也。古者天子有六车，汉家前后左右将军四人，今则十二卫、神策等八军，凡有将军六十人也。历代增益，以至于是。旧名不废，新职日加，名繁职重，不可遍举。所以后周依古周建六官，盖为于此。

今略征外官。别驾，本因汉置，随刺史巡察，若今观察使之有副使也；参军，后汉末置，参诸府军事，若今节度判官也。官名职务，迁易不同，空存虚称，皆无事实。又司田，顷神龙三年尝置，无何，以烦冗却停，并入司户，殊为折衷。诚宜斟酌繁省，详考损益。欲求致理，必也正名。神龙中，官纪黩紊，有司务广集选人，竞收名称，其时无阙注授，于是奏署员外官者至二千余人，自尔遂为常制。当开元天宝之中，四方无虞，百姓全实，大凡编户九百余万，吏员虽众，经用虽繁，人有力余，帑藏丰溢，纵或枉费，不足为忧。今兵革未宁，黎庶凋瘵。数年前，天下籍账到省百三十余万户，自圣上御极，分命使臣，按地收敛土户与客户，共计得三百余万，比天宝才三分之一，就中浮寄乃五分有二，出租赋者减耗若此，食租赋者岂可仍旧。如一州无三数千户，置五六十官员，十羊九牧，疲吏烦众，顾兹大弊，实思革之。

议者多云：尚有跋扈未庭，并省官吏之后，恐被罢者仕进无路，别有依托；且繁爵禄，兼示堤防。此乃常情之说，虑非救弊之论。有才者即令荐用，无才者何患奔亡，而况各有姻戚，顾恋家产。后汉建武六年，减县省官，公孙述、隗嚣未灭；魏太祖正始中，则吴蜀鼎立；晋太元六年，吴国尚在；隋开皇三年，陈氏割据，皆招罗俊乂，志相吞灭。此时犹不虑有失贤资敌，务以救弊为谋。今田悦之徒，并是庸琐，繁刑暴赋，唯恤军戎；衣冠仕人，遇如奴虏，岂比公孙述、诸葛亮之在巴蜀，孙权、陈霸先之有江南，固无范雎业秦，贾季强狄之虑，断可知矣。

今若以人情因习日久，不能改更制度，并省内官，但且权停省外官、别驾、司马及参军，州县额内官约人户，减县尉。其被罢者，但有德行才器，委州府长史搜择论荐，固亦不遗能者；如或渝滥，先坐举主，谁敢罔冒，以陷刑章。其有不被举论，但全旧名，任参常调，自当修进，更俟甄收，暂罢岁时，何负此辈。如柱国，后魏末置，并是当时宿德，勋成业崇，皆主重兵，宠贵第一。周、隋以后，除授至多，暨乎国家回作，勋级唯得三十顷地耳。又开府仪同三司及光禄大夫，亦是官名，还为人多，回作阶级。随时立制，遇弊变通，不必因循，重难改作，待戎车息驾，百姓稍康，欲增庶官，则复旧制。

通典·礼门序

夫礼，必本于太一，分而为天地，转而为阴阳，变而为四时，列而为鬼神。其降曰令，其居人曰义。孔子曰：夫礼，先王以承天之道，以理人之情，失之者死，得之者生，故圣人以礼示之天下，国家可得而正也。

伏羲以俪皮为礼，作瑟以为乐，可为嘉礼；神农播种，始诸饮食，致敬鬼神，禘为田祭，可为吉礼；黄帝与蚩尤战于涿鹿，可为军礼；九牧倡教，可为宾礼；易称：古者，葬于中野，可为凶礼。又修贽类帝，则吉礼也；厘降嫔虞，则嘉礼也；群后四朝，则宾礼也；征于有苗，则军礼也；遏密八音，则凶礼也。故自伏羲以来，五礼始彰，尧舜之时，五礼咸备，而直云：典朕三礼者，据事天、事地与人为三耳。其实天地唯吉礼也，其余四礼，并人事兼之。

夏商二代，散亡多阙。洎周武王既没，成王幼弱，周公摄政六年，致太平，述文武之德，制周官及礼仪，以为后王法。礼序云：礼也者，体也，履也，统之于心曰体，践而行之曰覆。然则周礼为体，仪礼为覆。周衰，诸侯僭忒，自孔子时已不能具。秦平天下，收其仪礼，归之咸阳，但采其尊君抑臣，以为时用。汉兴，天下草创，未遑立制，群臣饮醉争功，高帝患之，叔孙通草绵蕝之仪，救击柱之弊。帝说叹曰：吾于今日，知为天子之贵也。以通为奉常，遂定仪法，未尽备而通终，高堂生传礼十七篇，而徐生善为颂。孝文帝时，徐生以颂礼官至大夫，而萧奋亦以习礼至淮阳太守。孝武始开献书之路，时有季氏得周官五篇，阙冬官一篇，河间献王千金购之不能得，遂取考工记以补其阙，奏之。至王莽时，刘歆始置博士，行于代。杜子春受业于歆，能通其读。后汉永平初，郑众、贾逵皆往受业。其后马融作周官传，郑玄为注。初，献王又得仲尼弟子及后学所记四百十一篇。至刘向考校经籍，才获百三十篇，向因第而叙之，而又得明堂阴阳记二十二篇、孔子三朝记七篇、王氏史记二十篇、乐记二十三篇，总二百二篇，戴德删其烦重，合而记之，为八十五篇，谓之大戴记，而戴圣又删大戴之书，为四十七篇，谓之小戴记。马融亦传小戴之学，又定月令明堂位，合四十九篇，郑玄受业于融，复为之注。今周官六篇、古经十七篇、小戴记四十九篇凡三种，唯郑玄注立于学官，余并散落。

　　魏以王粲、卫觊集创朝仪，而鱼豢、王沈、陈寿、孙盛虽缀时礼，不足相变。吴则丁孚拾遗汉事；蜀则孟光、许慈草建时制。晋初，以荀颢、郑冲典礼，参考今古，更其节文；羊祜、任恺、庾峻、应贞并加删集，成百六十五篇，后挚虞、傅咸缵续未成，属中原覆没。今虞之决疑注，是其遗文也。江左刁协、荀崧补缉旧文，蔡谟又踵修缀。宋初因循前史，并不重述，齐武帝永明二年诏尚书令王俭制定五礼。至梁武帝命群儒，又裁成焉，吉礼则明山宾，凶礼则严植之，军礼则陆琏，宾礼则贺场，嘉礼则司马褧；又命沈约、周舍、徐勉、何佟之等参会其事。陈武帝受禅，多准梁旧式因行事，随时笔削。后魏道武帝举其大体，事多阙疑，孝文帝率由旧章，择其令典朝仪，国范焕乎复振。北齐则阳休之元循伯、熊安生，后周则苏绰、卢辩、宇文弼并习于仪礼，以通时用。隋文帝命牛弘、辛彦之等采梁及北齐仪注，以为五礼。

　　国初草昧，未暇详定。及太宗践祚，诏礼官学士修改旧仪，著吉礼六十一篇、宾礼四篇、军礼十二篇、嘉礼四十二篇、凶礼六篇、国恤五篇，总百三十篇为百卷。贞观七年，始令颁示。高宗初以贞观礼节文未尽，重加修撰，勒合成百三十卷，至显庆三年奏上，高宗自为之序，时许敬宗、李义府用事，其所取舍多依违希旨，学者不便，异议纷然。上元三年下诏，命依贞观年礼为定。仪凤二年诏并依周礼行事，自是礼司益无凭准，每有大事辄别制一仪，援古附今，临时专定，贞观、显庆二礼亦皆施行。武太后时，以礼官不甚详明，特诏国子司业韦叔夏、率更令祝钦明，每加刊定，叔夏卒后，给事中唐绍专知礼仪，绍博学，详练旧事，议者以为称职。开元十四年，通事舍人王岩上疏，请改撰礼记，削去旧文，编以今事。集贤院学士张说奏曰：礼记，汉朝所编，遂为历代不刊之典，去圣久远，恐难改易；但今之五礼仪注已两度增修，颇有不同，或未折中，请学士等更讨论古今，删改行用制定之。于是令徐坚、李锐、施敬本等检撰，历年，其功不就，锐卒后，萧嵩代为集贤院学士，始奏起居舍人王仲邱修之。二十年九月，新礼成，凡百五十卷，是为大唐开元礼。于戏！百代之损益，三变而著明，酌乎文质，悬诸日月，可为盛矣。

通典之所纂集，或泛存沿革，或博采异同，将以振端末，备顾问者也。乌礼意之能建乎？但前古以来，凡执礼者，必以吉、凶、军、宾、嘉为次；今则以嘉、宾次吉，军、凶后宾，庶乎义类相从，终始无黩云尔。

通典·乐门序

夫音生于人心，心惨则音哀，心舒则音和；然人心复因音之哀和，亦感而舒惨，则韩娥曼声哀哭，一里愁悲，曼声长歌，众皆喜忭，斯之谓矣。是故哀乐喜怒敬爱六者，随物感动，播于形气，叶律吕，谐五声。舞也者，咏歌不足，故手舞之，足蹈之，动其容，象其事而谓之为乐。乐也者，圣人之所乐，可以善人心焉。所以古者天子、诸侯、卿大夫，无故不彻乐，士无故不去琴瑟，以平其心，以畅其志，则和气不散，邪气不干，此古先哲后立乐之方也。

周衰政失，郑卫是兴。秦汉以还，古乐沦缺，代之所存，韶武而已，下不闻振铎，上不达讴谣，俱更其名，示不相袭，知音复寡，罕能制作。而况古雅莫尚，胡乐荐臻，其声怨思，其状促遽，方之郑卫，又何远乎？爰自永嘉，戎羯迭乱，事有先兆，其在于兹。圣唐贞观初，作破陈乐舞，有发扬蹈厉之容。

表兴王之盛烈，何让周之文武，岂近古相习所能关思哉？而人间胡戎之乐，久习未革。古者因乐以著教，其感人深，乃移风俗。将欲闲其邪，正其颓，唯乐而已矣。

通典·兵门序

三皇无为，天下以治，五帝行教，兵由是兴，所谓大刑用甲兵，而陈诸原野，于是有补遂之战、阪泉之师，若制得其宜则治安，失其宜则乱危。

商周以前，封建五等，兵遍海内，强弱相并。秦氏削平，罢侯置守，历代因袭，委政郡县。缅寻制度可采，唯有汉氏足征。重兵悉在京师，四边但设亭障，又移天下豪族，辏居三辅陵邑，以为强干弱枝之势也。或有四夷侵轶，则从中命将，发五营骑士、六郡良家，贰师、楼船、伏波、下濑，咸因事之称，毕事则省；虽卫霍之勋高绩重，身奉朝请，兵皆散归，斯诚得其宜也。其后若王纲解纽，主权外分，藩翰既崇，众力自盛，问鼎轻重，无代无之。如东汉之董卓、袁绍，晋之王敦、桓玄，宋谢晦、刘义宣，齐陈显达、王敬则，梁侯景，陈华皎，后魏尔朱荣、高欢之类是矣，斯诚失其宜也。

国朝李靖平突厥，李勣灭高丽，侯君集覆高昌，苏定方夷百济，李敬元、王孝杰、娄师德、刘审礼皆是卿相率兵御戎，戎平师还，并无久镇。其在边境，唯明烽燧，审斥候，立障塞，备不虞而已，实安边之良算，为国家之永图。元宗御极，承平岁久，天下乂安，财殷力盛。开元二十年以后，邀功之将，务恢封略，以甘上心，将欲荡灭奚、契丹、翦除蛮、吐蕃，丧师者失万而言一，胜敌者获一而言万，宠锡云极，骄矜遂增。哥舒翰统西方二师，安禄山统东北三师，践更之卒，俱授官名，郡县之积，罄为禄秩，于是骁将锐士，善马精金，空于京师，萃于二统。边陲势强既如此，朝廷势弱又如彼，奸人乘便，乐祸觊欲，胁之以害，诱之以利。禄山称兵内侮，未必素蓄凶谋，是故地逼则势疑，力侔则乱起，事理不得不然也。

昔汉祖分裂土地，封建王侯，吴芮独卑弱而忠，韩彭皆强大而悖。贾谊睹七国之盛，献书云：治天下者，令海内之势，如身之使臂，臂之使指，莫不制从，若惮而不能改作，末大本小，终为祸乱。文景因循莫革，遂致诛错之名，向使制置得其适宜，诸侯孰不信顺，奸谋邪计，销于胸怀，岂复有干纪作乱之事乎？语曰：朝为伊周，夕成桀跖。形势驱之而至此矣。又兵法曰：将者，人之司命，国家安危之主，用当先之以中和，后之以材器，或未驯其性，苟求其用，授以铦刃，委之专宰，利权一去，物情随。噬脐之喻，不其然矣。

夫戎事，有国之大者，自昔智能之士，皆立言作训。其胜也，或验之风鸟七曜，或参以阴阳日辰；其教阵也，或目以天地五行，或变为龙蛇鸟兽。人之聪颖，方列轩冕，知吉凶冠婚之礼，习庆吊俯仰之容，稍或非精，则乖常度。故仲尼入庙，每事皆问，是必不免有所失也。矧其万千介夫，出自闾井，若使心存进退之令耳，听金鼓之声，手候击刺之宜，足趋鹅鹳之势，随地形而变阵，飚驰电发之疾，因我便而乘敌，胜负顷刻之闲。事繁目多，应机循古，得不令众心系名数而无暇，安能奋勇锐而争利哉？

以愚管窥，徒有其说，只恐虽教，亦难必成。然其训士也，但使闻鼓而进，闻金而止，坐作举措，左旋右抽，识旗帜指麾，习器械利便，斯可矣。其抚众也，有吮痈之恩，投醪之均，挟纩之感，行令之必，斯可矣。此乃用无弱卒，战无坚敌；而况以直伐曲，以顺讨逆乎？若以风鸟可征，则谢艾枭鸣，牙旗而克麻秋；宋武麾折，沈水而破卢循。若以日辰可凭，则邓禹因癸亥克捷，后魏乘甲子胜敌，略举一二，不其证欤。似昔贤难其道，神其事，令众心之莫测，俾指顾之皆从。语有之曰：天时不如地利，地利不如人和。诚谓得兵术之要也。以为孙武所著十三篇，旨极斯道，故知往昔行师制胜，诚当皆精其理。今辄捃摭，与孙武书之义相协，并颇相类者纂之，庶披卷，足见成败在斯矣。

通典·刑门序

前志曰：夫人有生，万物之最灵者也；然而爪牙不足供其欲，趋走不足避其害，无毛羽以御寒暑，必役物以为养，任智而不恃力者也。故不仁爱则不能群，不能群则不能胜。物群而聚之，是为君矣。归而往之，是为王矣。人既群居，不能无喜怒交争之情，乃有刑罚轻重之理兴矣。刑于百度，其最远乎。又曰：圣人因天讨而作五刑。大刑用甲兵，次用斧钺；中刑用刀锯，次用钻凿；薄刑用鞭扑。大者陈诸原野，小者致于市朝。又曰：鞭扑无弛于家，刑罚无废于国，征伐无偃于天下，但用之有本末，行之有次第尔。

历观前蹰，善用则治，不善用则乱，在乎无私绝滥，不在乎宽之与峻，又病斟酌以意，变更屡作。今捃掇经史，该贯年代，若前贤有误，虽后学敢言，亦庶几成一家之书尔。前代缙绅之徒，多设三皇之言，又不载其刑法，故以五帝为首云。

通典·州郡门序

天下之立国宰物，尚矣，其画野分疆之制，自五帝始焉。道德远覃，四夷从化，即人为治，不求其欲，斯盖羁縻而已，宁论封域之广狭乎。尧舜地不过数千里，东渐于海，西被流沙，朔南暨声教，五帝之至德也。武丁、成王，东则江南，西氐羌，南荆蛮，北朔方，三代之大仁也。秦氏削平六国，南取百越，北却匈奴，筑塞河外，地广而亡，逮战国之酷暴也，汉武灭朝鲜、闽越，开西南夷，通西域，逐北狄，天下骚然，人不聊生，追悔前失，引咎自责，下诏哀痛，息戍轮台，既危复安，幸能觉悟也。隋炀逐吐谷浑，开通西域，招来突厥，征伐高丽，身弑祀绝，近代殷鉴也。

夫天生烝人，树君司牧，是以一人治天下，非以天下奉一人。患在德不广，不患地不广。秦汉之后，以重敛为国富，卒众而兵强，拓境为业大，远贡为德盛，争城杀人，盈城争地，杀人满野，用生人膏血，易不殖土田，小则天下怨咨，群盗蜂起，大则殒命歼族，遗恶万代，不亦谬哉。则五帝三王可以师范。

凡言地理者多矣。在辨区域，征因革，知要害，察风土，纤介必书，树石无漏，动盈百轴，岂所谓撮机要者乎？如诞而不经，遍记杂说，何暇编举。或览之者，不责其略焉。

通典·边防门序

覆载之内，日月所临，华夏居土中，生物受气正。其人，性和而才惠；其地，产厚而类繁，所以诞生圣贤，继施法教，随时拯弊，因物利用。三五以降，代有其人，君臣长幼之序立，五常十伦之教备，孝慈生焉，恩爱笃笃，主威张而下安，权不分而法一，生人大赍，实在于斯。

昔贤有言：失道而后失德，失德而后失仁，失仁而后失义，失义而后失礼。诚谓削厚为薄，散醇为醨。又曰：古者，人至老死，不相往来，不交不争，自求自足。盖疾时浇巧，美往昔敦淳，务以激励，勉其慕向也。然人之常情，非今是古，其朴质少事，信固可美，而鄙风弊俗，或亦有之。缅唯古之中华，多类今之夷狄，有居处巢穴焉，有葬无封树焉，有手团食焉，有祭立尸焉，聊陈一二，不能遍举。其地偏，其气梗，不生圣哲，莫集旧风，诰训之所不可，礼义之所不及，外而不内，疏而不戚，来则御之，去则备之，前代达识之士，已言之详矣。

历代观兵黩武，讨伐戎夷，爰自嬴秦，祸患代有。始皇恃百胜之兵威，既平六国，终以事胡为弊；汉武资文景之积蓄，务恢封略，天下危若缀旒；王莽获元始之全实，志灭匈奴，海内遂至溃叛；隋炀帝承开皇之殷盛，三驾辽左，万姓怨苦而亡，夫持盈固难，知足非易，唯后汉光武，深达理源，建武三十年，人康俗阜。臧宫、马武请殄匈奴，帝报曰：舍近而图远，劳而无功，舍远而谋近，逸而有终。务广地者荒，务广德者强，有其有者安，贪人有者残。自是诸将莫敢复言兵事。于戏！持盈知足，岂特治身之本，亦乃治国之要道欤！

　　我国家开元天宝之际，宇内谧如。边将邀宠，竞图勋伐，西陲青海之戍，东北天门之师，碛西怛逻之战，云南渡泸之役，没于异域，数十万人。向无幽寇内侮，天下四征未息，离溃之势，岂可量耶！前事之龟，足为殷鉴者矣。